포스트
코로나
생존
전략

상식 밖의 미래를 돌파하는
34가지 방법

×

포스트 코로나 생존 전략

오치아이 요이치 지음 | 이규제 옮김

RHK
알에이치코리아

● **일러두기**

1. 이 책에 나오는 '워크 라이프 블렌딩^{Work-Life Blending}'은 원문의 '워크 애즈 라이프^{Work as Life}'를 우리나라에 잘 알려진 표현으로 대체한 말로, 일과 삶의 조화를 통해 성장을 추구하는 라이프스타일을 뜻합니다.
2. 이 책의 모든 괄호 안 설명은 옮긴이 주입니다.
3. 국내에 소개된 작품은 번역된 제목을 따라 표기했고, 국내에 소개되지 않은 작품은 우리말로 옮겨 적고 원제를 병기했습니다.

코로나 팬데믹을 겪으면서 IT 산업은 퀀텀점프를 하고 있고, AI와 로봇은 우리의 삶에 더 깊숙이 들어왔다. 싱귤래리티의 미래가 더 앞당겨진 셈인데, 포스트 코로나 시대에는 AI와 로봇에 의한 노동력 대체가 더 가속화될 수밖에 없다. 이 책은 우리가 앞으로 어떻게 살아가야 할지에 대한 진지하면서도 현실적인 고민을 짧고 쉽지만 통찰력 있게 담고 있다. 무겁지도 어렵지도 않게, 우리의 라이프스타일과 일하는 방식, 삶의 태도, 세상을 보는 눈을 오치아이 요이치 스타일로 풀어냈다. 흥미로운 사람이 쓴 흥미로운 생각의 보고 속에서 미래의 당신 모습을 그려볼 수 있을 것이다. 또 미래에 대해 막연한 두려움을 갖게 되는 대신 더 현실적인 방법으로 미래를 설계하는 데 도움이 될 것이다. 걱정 마시라, 미래에도 우리는 살아남을 것이다!

_김용섭, 트렌드 분석가, 날카로운상상력연구소장, 《언컨택트》 저자

이 책은 코로나 이후, AI 시대에서 살아남으려면 어떤 능력을 갖춰야 하는지, 어떤 사고방식을 가져야 하는지 제안한다.

'시작'은 2016년과 2017년 〈퓨즈FUZE〉라는 온라인 미디어에 기고한 내용을 대폭 가필하여 현재의 상황에 맞게 재구성했다. 이를 통해 앞으로 수년에 걸쳐 나타날 패러다임에 대한 대략적인 틀을 제시하고자 한다.

제1부는 이 책에서 핵심적인 과제로 다루고 있는 내용이다. '워크 라이프 밸런스Work-Life Balance에서 워크 라이프 블렌딩Work-Life Blending으로의 전환', 또 이와 관련해 필요한 사고방식의 전환을 소개한다. 그와 함께 지난날의 노동관, 인간관, 생활 방식을 포스트 코로나 시대에 맞게 수정할 것을 제안한다.

제2부와 제3부는 '워크 라이프 블렌딩'을 실현함에 따라 변화하는 생활과 일, 회의, 커뮤니케이션, 입시 등에 대해 인터뷰 녹취록을

토대로 집필했다. 제1부와 제2부를 읽고 구체적인 예로 참고하면 좋을 듯하다.

'끝' 부분에서는 포스트 코로나 시대의 사회 변화를 전망하고 달라질 인간의 모습을 예측해 봤다. 현재의 기술 혁신을 조망하는 형식이다. 오늘날의 정보사회에서 많은 지식을 얻으려는 사람, 정보와 관련된 분야에서 일하는 사람들에게 큰 도움이 될 것이다.

책을 집필하는 동안 질타하고 격려해 주시고 출간까지 이끌어 주신 편집자 다네오카 다케시 님 그리고 〈퓨즈〉 담당 편집자 사이토 마코토 님께 감사의 말씀을 전하고 싶다. 여러분의 많은 애독을 바란다.

오치아이 요이치

Contents

시작

과거로 돌아가는 문은 닫혔다

제1부

이제는 '워크 라이프 블렌딩'의 시대다

✕

제2부

스페셜리스트가 되라, 동시에 여러 지식에 발을 걸쳐라

제3부

누군가의 라이프스타일은
그 사람의 몸이 빚어낸 결과다

끝

포스트 코로나 시대, 유비쿼터스 사회에서 디지털 네이처로

시작　**과거로 돌아가는
문은 닫혔다**　✕

제2의 눈과 귀로 만나는
영상시대

　　　　　　　　2021년 1월 9일은 아이폰이 세상에 나온 지 14년째 되는 날이다. 21세기 초반의 10여 년을 가장 극적으로 바꾼 것, 바로 아이폰으로 대변되는 스마트폰이다. 스마트폰은 세상을 매우 빠른 속도로, 다이내믹하게 바꾸었다.

　그전에는 터치패널형 PDA(Palm, VAIO type U) 등이 있었다. 그러나 이들이 이루지 못했던 것을 '스마트폰이라는 상징적 하드웨어'와 '소프트웨어 유통 플랫폼(앱스토어, 구글 플레이 등)', '통신 인프라(초고속 인터넷과 와이파이)'가 조합돼 엄청나게 빠른 속도로 해냈다. 즉, 세상을 바꾼 것이다.

　PDA와 비슷한 스마트폰이란 장치는 생활의 새로운 필수품이 됐다. 불과 10여 년 사이에 사람, 물건, 돈, 환경, 철학, 미의식에 이르기까지 세상의 모든 것을 근본적으로 바꾸었다.

　스마트폰이 보급되면서 인류는 인터넷이라는 무대에 제2의 언어와 시청각 공간을 만들었다. 주소를 갖게 됐고 SNS를 탄생시켰으며 사회를 형성했다. 디지털 공간에서 인류가 다시 태어난 것이다. 접속된 사람들은 이 세상을 여행하고, 이 지구를 덮어 버리려 하고 있다. 온갖 형상과 언어가 인터넷에 모여들고 있다.

그러한 IoT ^{Internet of Things}(사물인터넷)에 의한 기술 혁신은 우리의 생활과 문화를 완벽히 바꿔놓았다. 그 누구와도 연락할 수 있고, 약속 장소와 시간을 정확하게 정하지 않아도 보고 싶은 사람과 만날 수 있다. 길을 헤매는 일도 없어졌다. 어디서건 시간을 보내는 데 필요한 콘텐츠를 손에 넣을 수도 있다. 도저히 소비할 수 없을 정도로 많은 콘텐츠가 매일매일 인터넷의 저편에 축적된다.

보는 것, 듣는 것, 생각하는 것, 그날의 마을 풍경에서 지금 여러분이 있는 장소, 구입한 상품에 이르기까지 한 사람의 현재가 순식간에 공유된다. 지상의 모든 인간이 정보와 의견을 뿜어내고 표현하고 있다. 이 다음 차원의 시각, 다시 말해 '디지털 휴먼'으로서의 시각을 얻는 데 필요했던 것은 인터넷과 카메라, 스피커로 접속할 수 있는 제2의 눈과 귀였다.

지난 시대의 영상 시스템은 눈과 귀를 통해 보고 들은 것을 전파에 실어 대중에게 발신하는 장치였다. 그 시스템 덕분에 인간은 집단적으로 체험을 공유할 수 있었다. 그러나 이제 그 영상 시스템을 통한 집단 체험 공유는 개인의 능력 확장으로 방향을 돌린다. 영상의 시대는 '코드로 적힌 마술 같은 블랙박스'라고도 정의할 수 있는 컴퓨터를 통해 눈부시게 발전했다. 컴퓨터는 한 손에 쥘 수 있는 크

오디오 비주얼
Audio Visual

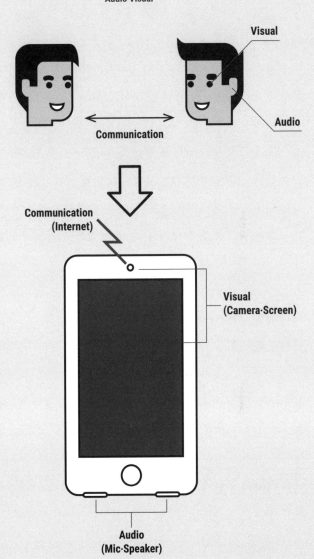

기로까지 진화했다. 그러한 다이내믹한 변화가 불과 10년 만에 달성된 것이다. 이런 변화는 '마법'이라는 하나의 단어로 정의될 수 있다.

쉽게 사용할 수 있고 정밀한 결과를 내는 컴퓨터로 인해 과거 영상의 시대에는 불가능했던 물리적 간섭이 일어나고 있다. 변화는 기적과도 같이 신선하고, 그 속도는 상상을 초월할 정도로 빠르다. 하지만 제어 장치는 너무도 난해하고, 그 구조를 이해하기란 몹시도 어려워서 일부 훈련받은 사람만이 그것을 이해할 수 있다. 일상에 찾아온 기적과 블랙박스화에 따른 단절이 앞으로 더욱더 다양한 사회 변화를 초래할 것이다. 이 책은 그러한 점에 주목했다.

'낙관적 싱귤래리티'와
'테크노포비아'

21세기 들어 우리는 다가올 싱귤래리티Singularity에 대해 낙관적으로 생각하는 시기를 보냈다. 싱귤래리티란 인공지능(AI)이 비약적으로 발달해 인간의 지능을 뛰어넘는 기점을 말한다. 컴퓨터 CPU의 내장형 프로그램을 처음 고안한 미국의 수학자 존 폰 노이만, 영국의 컴퓨터 과학자이자 수학자인 앨런 튜링, 미국 컴퓨터 공학자인 버너 빈지 등이 이 개념을 발전시켰다. 가장 구체적으로 전망한 사람은 미국의 컴퓨터 과학자이자 알파고를 개발한 구글의 기술 부문 이사인 레이먼드 커즈와일. 그는 2005년 저서 『특이점이 온다』를 통해 "2045년이면 인공지능이 모든 인간의 지능을 합친 것보다 강력해질 것"이라고 예측하면서 인공지능에 대한 우려를 나타냈다. 2045년이면 인공지능이 만들어 낸 연구 결과를 인간이 이해하지 못하게 되며, 인간이 인공지능을 통제할 수 없는 지점이 올 수도 있는데 그 지점이 바로 특이점, 즉 싱귤래리티다.

기술이 발달함에 따라 인터넷에 접속한 컴퓨터는 인간에 필적하는 지적 능력을 갖추고, 점점 더 정밀해지고 있다. 특히 커뮤니케이션, 로보틱스, 패브리케이션^{Fabrication}(조립), 바이오, 오디오 비주얼과 가상현실(VR) 기술이 발전하면서 생활의 모든 물질적 표층^{Material Presence} 및 실질적 표층^{Virtual Presence}이 인터넷에 접속된 컴퓨터와의 경계면이 되었다. 보고 듣는 것으로만 세상을 판단할 수 있는 우리 인간에 비해, 컴퓨터는 총체적, 종합적으로 진보하고 발전하고 있다.

최근 수십 년간 세상을 놀라게 했던 과학의 진보 관련 뉴스들은 비교적 호의적이었다. 특히 개개의 기술 발전을 다룰 때는 그랬다. 과학이 인간의 능력을 넘어섰지만, 효율화, 자동화, 무인화에 대한 적대감이나 공포심은 적었다. '개별 산업에서 발생하는 싱귤래리티'란 점에서 호의적으로 받아들여진 10여 년이었다.

클릭만 하면 바로 택배가 도착하고, 언제 어디서나 우버 택시를 부를 수 있으며, 아이튠즈를 통해 손바닥에서 바로 음악을 살 수도 있게 되었다. 이렇게 컴퓨터(기술 혁신)가 이전부터 존재하던 인간의 직업을 빼앗아가거나 혹은 인간의 수준을 넘어서도 인간들은 불안해하지 않았다. 오히려 비용이 절감되고 라이프스타일이 다양해질 것이라며 기대에 부풀었다. 자동 번역 기술 덕분에 외국에 나가도 자유롭게 말이 통하고 해외의 누군가와 소셜미디어로 대화할 수 있게 되었다. 애플리케이션의 도움을 받아 사진을 찍고 그림도 그릴 수 있게 되었다.

그런 세상에서는 평등하고 여유 있는, 더불어 다양하고 안락한 생활을 꿈꿀 수 있다. 컴퓨터와 인터넷이 가져다준 '기술 민주화' 덕분에 일부 사람들만이 누려 왔던 독점적인 특권이 대중화된 것이다. 많은 사람이 '노력 없이도' 극소수가 누리던 특권을 손에 넣게 됐다며 환영했다. 번역가에 의존하지 않아도 정확도 높은 번역을 얻을 수 있다는 사실에 놀라워했다. 유명 화가에게 그림을 부탁하지 않아도 '그림 사진 애플리케이션'을 활용해 쉽게 창작을 할 수 있게 된 것에 감격했다.

하지만 이러한 기술 발전에는 반드시 다음과 같은 불안이 뒤따른다.

다음은 내 차례가 아닐까?
전문적인 훈련과 교육으로 얻은 나의 직업을 (인터넷에 접속된) 기계에게
빼앗기는 것은 아닐까?

내가 특권적으로 누려온 뭔가가 '민주화'돼 버리는 것은 아닐까?

모두가 갖고 있는 이러한 불안감. 지식인들은 2010년 무렵부터 수년간 이러한 불안에 기름을 부어 왔다. 불안한 측면만을 뽑아냈고, 기술 혁신이 보장해 주는 밝은 면은 무시했다. 미디어는 불안을 선동했다. 그리고 결론은 항상 이런 식이었다.

'인간은 인간에게만 가능한 창조적인 일을 하며 살면 되는 것이다.'

창조적으로 산다는
망상

이 말에는 저항감을 느낀다. 이는 '노이즈'를 노린 뉴스일 뿐이다. 인공지능에 대한 일부 지식인들의 주장은 공포심을 유발하는 데 목적이 있는 것 같다. 불안감을 조장하는 말로 사람들의 관심을 끌어 페이지뷰^{PV}를 끌어올리고, 크리에이티브^{creative}라는 실체도 없는 말로 결론을 내린다. 창조적인 일을 하면 된다는 말로 때로는 테크노포비아^{Technophobia}(기술공포증)를 가진 사람들을 달래고, 때로는 불안감을 조장하는 말로 낙관적인 사람들을 공포로 몰아넣음으로써 관심을 모은다. 원래는 '주술사'들이 했던 그 역할을 이제는 전문가와 미디어가 담당하고 있다.

테크노포비아에 대한 오해
Misunderstanding of Technophobia

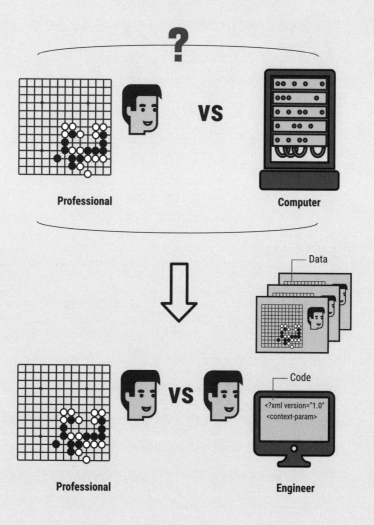

2016년 세계적인 바둑기사 이세돌을 격파한 것은, 사실은 컴퓨터가 아니었다. 바둑을 어느 정도 아는 컴퓨터 엔지니어들과 인류가 인터넷에 축적한 집합지식의 도움을 받은 컴퓨터 프로그램이 이긴 것이다.

인공지능이 발달하면 2040년대에는 직업이 없어지고 말 것이라는 막연한 전망이 나돈다. 하지만 그런 전망에 도대체 무슨 의미가 있단 말인가? 그러한 전망은 지난 세기의 종말론과 흡사하다.

그럼에도 인간들은 하나의 공통된 의문을 갖게 되었다.

인공지능에 직장을 빼앗긴 사람들은 어떻게 삶을 꾸려가야 한단 말인가? 기본소득제Basic Income가 도입돼 일을 하지 않아도 기초생활은 보장될 테니 좋아하는 일이나 하며 살면 되는 것일까?

강의할 때면 늘 이런 질문을 받곤 했다. 나는 이에 대해 이렇게 말해왔다.

"스마트폰이 탄생한 뒤 우리가 어떤 새로운 금맥을 캐냈는지 생각해 보기 바란다. 로컬의 문제, 즉 일본을 생각해 보면 답변은 그리 긍정적이지 않다. 인터넷은 새로운 산업들을 만들어 냈지만, 고작 얻은 것이라고는 정보화, 탈물질화, 기계화에 의한 비용 삭감 정도다. 특수 기능과 특권 가치가 '민주화'되어 대중도 누릴 수 있게 되면서 일부 산업은 크게 성장했지만, 일부 산업은 쇠퇴했다. 일본의 경우, 세계를 제압할 만한 소프트웨어 플랫폼을 갖고 있지 않기 때문에 일본이 가진 특권은 타국에 의해 '민주화'되고 만다. 강탈당한다는 말이다.

스마트폰은 인터넷 환경 위에 제국을 완성시켰다. 우리를 억누르는 새로운 스마트폰 제국은 앱스토어에서 판매되는 금액의 30%를 강탈해 사과 모양을 한 제국(애플)과 녹색 로봇에 의해 지켜지는 제국(안드로이드)에 바치고 있다. 그 비율은 초기의 동인도회사가 영국에 바치던 상납금을 연상케 한다. 지난 2016년 대통령 선거에서 미국은 적색과 청색으로 양분됐다. 우리가 미국 대선에서 본 두 가지 색깔은, 유가증권과 IT의 제국 지배로 탄생한 청색 미국(힐러리 지지)과 지역적인 적색 미국(트럼프 지지)의 대비이기도 했다."

"이 세상 어디에 기본소득만으로 살 수 있는 지역사회가 존재할까. 그건 청색 미국이다. 인간에게만 가능한 '창조적인' 활동을 하면서 여가를 소비하며 살아갈 수 있고, 그것을 가능하게 할 정도로 부(富)가 몰리는 장소는 거기밖에 없을 것이다. 그 외 지역에서는 기계의 톱니바퀴에 불과한 인간도 끊임없이 일해야 한다. 생활비를 벌기 위해 인터넷 단말기를 만지작거리며 살아가야 한다.

'풍족하지 못한' 지역에 사는 사람들에게 2040년대의 세계를 멍하게나마 상상하며 하루하루 살아갈 여유가 있을까. 적어도 일본에 사는 사람들에게는 없으리라 본다. 우리의 노동이 제거되어야 할 비용으로 간주되지 않으려면 기계와 친화성을 높여 일하든가, 기계를 능숙히 다뤄 다른 인간에게서 직업을 빼앗아 오는 수밖에 없다. 대립 구도는 기계 대 인간이 아니라 '인간 대 기계 친화성이 높은 인간'과의 싸움이다. 체스판, 마차와 자동차, 과학 의료와 주술사 사이에서도 이러한 대립 구도는 존재했다. 그리고 인간은 그러한 구도에 순응하며 살아왔다."

"인간은 창조적인 일을 하며 나날을 보낼 것이라는 식의 애매모호한 결론은 존재하지 않는다. 컴퓨터를 빠삭하게 파악해 다른 인간보다 많은 것을 성취해야 한다. 그것은 기계를 사용하는 쪽이 되느냐, 기계에 사용되는 쪽이 되느냐의 이야기다. 기계에 대항하는 쪽은 니치niche(틈새)를 파고드는 엔터테인먼트, 혹은 상품으로 전락할 수밖에 없다. 물론 인터넷 덕분에 판로와 커뮤니케이션 비용이 하락한 지금, 아날로그 음악에서 작은 지역사회의 공업품까지 어느 정도 니치의 가치는 있다. 굶어 죽지 않을 정도로 살아갈 수는 있다는 말이다. 기계가 인간처럼 자율적으로 사회에 참여하는 시대가 도래하기 전에 생각해야 할 것은 사람 대 사람의 끝없는 투쟁이다."

사고 프레임이
필요한 이유

모레 일을 생각하기 전에 내일 일을 그리고 오늘 일을 생각해야 한다. 기계가 모든 것을 관리하고 인간은 일을 하지 않아도 되는 '밝은 디스토피아(암흑세계)'가 찾아올까. 절대 오지 않는다. 오히려 지금보다 악화된 나날이 이어질 뿐이다.

　이번 기회에 다양한 사상을 받아들이고 정리해야 철학적이고 정보과학적인 시대의 흐름을 알 수 있다. 지금처럼 모두가 공통적으로 갖고 있는 이념인 '공동 환상'이 사라져 버린 시대에는 개인의 비전이 중요하다. 이전 '시대 비전'이라는 이름의 콘텐츠만큼 '정리(整理)'와 '프레임', '패러다임'의 플랫폼화가 중요해질 것이다.

　이를 위해 이 책에서는 인터넷을 떠돌아다니는 '가짜 뉴스'를 날리는 차원을 넘어 그것들을 깨끗이 정리할 수 있는 프레임을 제공해 주고자 한다. 이 책을 읽는 데 '생각하는 체력'이 필요하겠지만, 새로운 프레임을 뇌에 설치하려면 그 정도의 노력은 해야 하지 않겠는가.

　'AI는 AI가 맡은 일을 하고, 인간은 인간다운 창조적인 일을 하면 된다.' 앞에서도 말했듯이 나는 이 말을 싫어한다.

　이는 불안에서 도피하려는 것일 뿐이고, '창조적'이라는 그럴듯한 단어로 사람들을 속이는 것이고, 행동의 기준을 흐릿하게 만드는 것이다. 이것은 '뭘 해야 좋을지 모르겠다'의 다른 표현인데 기업의 담당자들도 종종 이런 식으로 말하고는 한다.

　'창조적'이라는 단어가 그림을 그리는 것, 혹은 언어를 구사하는 것이라면 이미 '딥러닝'을 포함한 많은 기계학습법이 다양한 회화 기법을 만들어 내고 있다. 또 기획서 샘플만 충분하다면 가까운 장

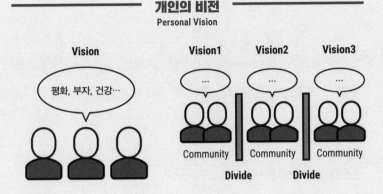

래에 기획서 작성은 기계의 일이 될 것이다. 관공서에서 하는 계획서 작성 업무는 버즈워드buzzword (명확한 정의가 없는 유행어를 뜻하며 웹 2.0, 유비쿼터스, 크라우드 컴퓨팅, 멀티미디어, 책임력, 복잡계 등이 그 예로 꼽힌다)와 시류를 확인하는 작업이 대부분이다. 그런데 관공서에 근무하는 사람들보다는 기계가 버즈워드의 조합을 만들거나 경향과 추이를 분석하는 데 훨씬 뛰어나다.

이는 컴퓨터를 다루는 전문가들의 능력이 한층 창조적이 됐음을 의미한다. '컴퓨터 친화성'이 낮은 인간의 창조적 능력보다 컴퓨터를 잘 알고 다루는 인간의 창조성이 크게 성장하고 있는 것이 현실이다. AI로 자동화할 수 있는 일을 지금 그 일을 담당하는 사람에게서 빼앗고, 거기서 생겨난 잉여 자본은 컴퓨터 친화성이 높은 다른 전문가에게 맡겨 더욱 큰일을 하려 한다. 또 사람과 기계의 일체화를 통해 창의성을 더욱 가속화하고 있다.

지난날 창의적인 직업을 가진 사람들은 '창조계급'이라 불리며 고고한 지위를 누렸다. 이제 컴퓨터가 가져온 사회와 인간의 변화 속에서 그 위상이 달라지고 있다.

포스트 코로나 시대의
사고법

이 책에서는 인간은 인간다운 창조적인 일을 하면 된다는 등의 '막연한 주장'에 대해 하나하나 짚어보고, 그와 같은 주장이 나온 배경도 함께 살펴본다. 우리의 행동과 생각이 컴퓨터 시대에 어떤 변화를 맞고 있는지도 알아본다. 그리고 인터뷰 형식으로 받은 질문에 대한 답을 소개한다.

포스트 코로나 시대와 AI 시대를 앞두고 제시된 몇 가지 가설이 있다. 세계 도처에서는 이에 대한 가설 검증 작업이 활발히 이루어지고 있다. 앤서니 던Anthony Dunne은 앞으로 나타날 미래의 모습은 무엇이고 바람직한 미래는 어떤 것인지를 '스페큘러티브 디자인Speculative Design'이라는 형태의 작품을 통해 사회에 묻고 있다.

구글 X(구글의 연구개발기구)의 애스트로 텔러Astro Teller는 "가능할지도 모를 미래의 모습에 다양한 질문을 던지고 있다"고 자신의 작업을 설명한다.

내가 쓰쿠바대학에서 진행하는 '디지털 네이처 연구실'에서도 미래의 모습을 생각해 실제로 구현해 보고, 또 그에 대해 질문을 던지는 작업을 거듭하면서 지속적으로 새로운 사고방식을 탐구하고 있다. 내가 아티스트, 기업가, 연구자 등 다양한 모습을 가진 이유 역시 내 생각을 실현하기 위해 구체적인 장비나 방법에 변화를 주고 있기 때문이다.

이러한 작업을 하다 보면 바람직한 회의의 형식은 무엇인가, 일하는 방식은 어떻게 바뀌어야 하나, 사람의 일상생활은 어떻게 변화되는가, 기본적인 사고방식을 어떻게 바꿔야 하나 등 많은 질문이 떠오른다. 이러한 당연한 의문에 대해 '디지털 네이처 연구소'에서 변화될 미래의 모습을 예상해 시스템으로 설계하기 위해 했던 토론 내용과 매일같이 의제에 올랐던 내용을 중심으로 새롭게 정리했다.

**제1부 이제는
'워크 라이프 블렌딩'의
시대다**

×

01

워크 라이프 밸런스

이제는
'워크 라이프 블렌딩Work-Life Blending'을
찾아낸 사람이
살아남는 시대다

제1부는 일부 나라에서 지금도 강조되고 있는 워크 라이프 밸런스 Work-Life Balance(일과 삶의 균형), 즉 '워라밸'을 주제로 삼았다. 이는 '회사 인간'이라는 말이 생겨날 정도로 야근이 많은 한국과 일본에서 특히 유행한 말로, 피곤한 직장인을 가정으로 되돌려 주자는 것이다.

그러나 나는 '워라밸'이라는 말에 엄청난 위화감을 갖고 있다. 언제 어디서나 정보에 연결되고 일과 생활이 '공존'하는 세상에 살면서 일이 삶은 아니라고 말하고, 일을 적대시하거나 생활과 직장을 분리해야 한다고 주장하는 것은 모순이 아닐까.

인터넷이 널리 보급되면서 우리는 시공간을 넘어 다른 지역에서도 같은 일을 할 수 있게 되었다. 즉 미국에서만 가능했던 컴퓨터

그래픽 작업이 인도에서도 가능하게 된 것이다. 따라서 이제는 각자의 개성과 라이프스타일에 맞춘 노동 방식이 필요해졌다.

워라밸은 평생을 몇 개의 단계로 나누는 것이 가능하다는 전제 하에 성립한다. 하지만 일과 삶, 인터넷과 생활이 항상 연결되어 있는 현대에는 그런 전제가 성립되기 어렵다. 어떻게 해야 '노동과 그 이외', 혹은 '삶과 그 이외'라는 이분법적 사고에서 벗어날 수 있을지가 21세기를 살아가는 우리의 커다란 과제다. 노동, 임금, 상품, 대가라는 구분법은 이미 낡은 개념이 되어 버린 건지도 모른다.

포스트 코로나 시대에 필요한 것은 '삶과 일'이라는 이분법적 대립 구도가 아니라 '삶으로서의 일'을 정립하는 것이다. 스트레스 없는 환경에서 일할 수 있도록 환경을 정비해야 한다.

우리는 21세기 들어 하루 24시간 누구와도 '접속'할 수 있게 되었다. 전에는 잠자는 시간에는 일하지 않았고 당연히 지구 반대편에 사는 사람과 함께 일할 수도 없었지만, 이제 시차 문제는 사라지고 몇 시가 됐건 지구 어느 곳의 누구와도 일할 수 있다. 지구 어딘가는 반드시 낮이기 때문에 마음만 먹으면 하루 종일 일할 수 있다.

하루 종일 '일'을 했다는 건 동시에 하루 종일 어떤 '삶'을 살았다는 말도 된다. 그것은 일이기도 하고, 삶이기도 한 셈이다. 이제 일과 삶을 분리할 수 없는 생활을 하고, 또 그런 생활을 해야만 하는 환경으로 옮겨 간 것이다.

기업에 고용돼 노동하고 대가를 받는 방식에서 좋아하는 일로 가치를 만들어 내며 삶을 사는 방식으로 라이프스타일을 바꾸어야 한다. 그것은 여가를 엔터테인먼트로 허비하라는 말이 아니다. 삶의 전략을 정하고, 차별화된 인생으로 이윤을 창출하라는 뜻이다.

예전에는 하루 24시간 중 8시간은 일하고, 8시간은 자고, 나머지 8시간을 어떻게 보람되게 사용하느냐 하는 식의 사고가 지배적이었다. 하지만 이제는 일을 하기 위해 휴식하고 에너지를 충전하면서 노동과 휴식의 경계선이 사라졌다. 따라서 노동과 휴식의 구분이 없는 상태에서 스트레스 없이 살아가려면 어떻게 해야 하는가가 더욱 중요해졌다. 바로 스트레스 매니지먼트라는 사고방식이다.

그런 사고방식이라면 하루에 4번 잠을 자도 좋다. 하루 4번 자고, '일 → 취미 → 일 → 취미 → 일 → 취미'와 같이 4시간 간격으로 일을 해도 살아갈 수 있다. 하루 종일 일인지 취미인지 구분이 안 되는 일을 하면서 돈 버는 사람들도 늘고 있다. 레저와 업무의 중간쯤 되는 일을 하고 크라우드 펀딩으로 모은 자본금을 대가로 받는 사람들이다.

글로벌화와 인터넷화, 통신 인프라가 정비된 지금 세상에 '일과 삶의 균형'이란 표현은 맞지 않다. 일과 삶의 관계는 '밸런스'와는 완전히 무관하게 됐다. 앞으로는 '워크 라이프 블렌딩', 즉 '워라블'이다. 차별화된 인생의 가치를 일은 물론 일 이외의 부분 모두에서 만들어 내는 방법을 발견하는 사람이 살아남는 시대다.

워크 라이프 블렌딩
Work-Life Blending

지금까지의
워크 라이프 밸런스

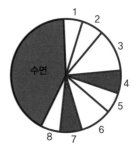

• 1~8은 모두 일과 생활
• 4와 7은 스트레스 많음
• 1, 2, 3, 5, 6, 8은 스트레스 없음

스트레스와
안티 스트레스

'삶으로서의 일'을 생각할 때 어떤 균형이 필요할까. '일과 삶' 간의 균형이 아니라 '보상(報償)과 스트레스' 간의 균형이 요구되는 건 아닐까. 그것이 앞으로의 일하는 방식을 상징적으로 보여 준다. 일하는 시간과 쉬는 시간의 균형이 아니라 스트레스를 받느냐 안 받느냐의 균형이 중요하다.

하루 종일 일이나 어떤 활동에 종사하고 있다 해도, '노는 요소'를 도입해 스트레스를 컨트롤하고 있다면 바람직하다. 그런 사고방식이라면 스트레스받는 가정생활보다 스트레스 없는 장시간의 회사 생활이 낫기도 하다. 이런 원칙을 정확하게 이해하고 행동한다면 앞으로 등장하게 될 싱귤래리티 시대 이전의 글로벌 인터넷 시대에서 최적의 삶이 보장되지 않을까 생각한다.

이윤과 가치가 있는 쪽은 갈수록 편안한 생활이 보장된다. 이것이 글로벌 인터넷 사회의 본질 중 하나다. 높은 이익을 올리는 미국 서해안의 IT 기업 사원들은, 식당은 물론 사무실 근무도 나날이 쾌적해지는 소위 '테크놀로지 유토피아'를 누리고 있다. '돈을 창출하는 엔진' 아래서 살고 있는 것이다. 기계를 잘 아는 '기계 친화성이 높은' 집단과 그 바깥에 있는 사람 간의 격차 구조는 싱귤래리티가 찾아와도 변화가 없을 것이다.

기다리기만 한다고 상황은 변하지 않는다. 지금 할 수 있는 것을 해 나가야 한다.

"일과 삶은 균형을 맞춰야 한다"는 낡은 사고방식을 버리고, '블루오션 전략', '취미', '놀이' 등 AI 시대의 노농, AI 시대의 새로운 사고방식을 갖춰야 한다. 스트레스와 보상의 관계를 새로운 시각으로 바라보면 일과 삶이 조화를 이루는 새로운 세계관이 눈앞에 나타날 것이다.

02

인간성의 재확인

우리는 언제부터
컴퓨터 저편에 있는 상대가
인간인지 컴퓨터 프로그램인지
따지지 않게 되었나

컴퓨터와 인간의 상호작용, 혹은 인공지능이나 IoT, 자동 운전 등을 이야기할 때면 반드시 등장하는 단어가 있다. 바로 '인간성'이다. '우리는 인간을 무엇이라고 정의하고, 어떤 면에서 인간다움을 느끼고, 인간에게 무엇을 바라는가.'

인간성을 어떻게 정의하느냐는 서양의 근대화 과정에서 태어난 핵심 과제이자 근대 철학의 중요한 목표 중 하나다. 1600년대부터 현대에 이르기까지 인간이 획득한 것 중 하나가 인간성이다. 그때까지 인간은 서양에서는 신과의 관계에선 종교적으로 맨 아래였고, 동양에서도 하늘과 땅 사이에 끼인 존재로 정의되었다.

그런데 세월이 지나면서 "인간에게는 인간 나름의 지위가 있고,

신에게는 신의 세계가 있으며, 둘 사이에는 별개의 논리가 작용한다"는 개념이 탄생했다. '인간답게 산다'는 것은 근대에 이르러 발달한 개념이다. 근대 이후 인간에 대한 종교적 정의가 구심력을 상실하면서 태어난 개념이 인간성이다. 그리고 지금 데카르트 이후 인간성에 대한 새로운 패러다임에 접어들고 있음은 의심의 여지가 없다.

인간답게 산다는
말의 모순성

데카르트는 '심신 이원론'에서 "인간이란 존재는 기계와 마음으로 나뉜다"라고 주장했다. 그 주장을 이어받아 몇 가지 '인간 기계론'이 나오기도 했다. 여기서 재미있는 것은, 사람이 기계와 유사하다는 이야기가 해부학의 발달에 따라 명백히 밝혀져 왔다는 사실이다. 신체를 기계와 구별하는 것이 불가능하다는 사실은 당시의 과학도 가늠하고 있었다. 단, 사람의 '마음'은 블랙박스였다.

그러던 것이 컴퓨터가 발달하면서 마음이라는 블랙박스를 해석하는 데 어느 정도 성과를 내기 시작했다. 그 덕분에 사람들은 이제 '인간성은 이해될 수 없다'라는 명제에 동의하지 않는다. '인간에게 마음 따위는 없다', '마음도 기계다'와 같은 주장도 있지만, 이제 그

'마음'마저 인공지능과 컴퓨터가 파헤치려 하고 있다.

"인간은 정말로 생각하고 있는 것일까? 인간이 사고하고 있다는 것도, 사실은 프로세스로 기술(記述)할 수 있는 것이 아닐까?"

이러한 주장이 나오는 가운데 인간의 정의는 현재도 바뀌고 있으며 앞으로도 바뀔 것이다. 최근의 기계학습법 중 하나인 '딥러닝 Deep Learning'의 발전과 더불어 인간처럼 사고하는 지성(知性)이 끊이지 않고 태어나고 있다.

"몸과 마음이 있어야 인간이다"라고 규정하면 인간이 아닌 존재도 인간성을 가지게 된다. 만약 컴퓨터가 몸에 이어 마음까지 갖추게 된다면 컴퓨터를 인간이라고 선포해야 하는 것이다. 근대 이후 우리가 찾아낸 인간성에 대한 정의를 더욱 정교하게 하지 않으면 인간은 갈 곳을 잃고 헤매게 된다. 혹은 인간성 그 자체를 포기해야 한다.

우리는 지금 인간은 인간답게 살아야 한다는 모순된 정의를 안은 채 유비쿼터스 시대, 디지털 네이처 시대에 돌입했다. 정보를 가져다주는 더욱 자유로운 세계와 우리가 갖고 있는 상식, 인간은 어때야 한다는 규범 사이에서 균열이 발생하고 있다.

'나는 왜 이런 일을 하고, 저런 결정을 하지 않으면 안 되는가? 나는 이 세상을 주체적으로 살지 못하고 있는 것 아닌가?'라고 자기부정에 빠지는 사람이 있을 수 있다. 그러한 불안은 주체를 제대로 정의하지 못했기 때문에 생긴다. 그 '주체'라는 것은 어디서 탄생한 것일까.

"인간은 주체적이다" 또는 "나는 생각한다. 고로 존재한다"는 사고방식은 근대 이후에 획득한 것이다. 그리고 지금 우리는 '주체 없는 인류'의 시대로 들어서고 있다.

커뮤니티 안에서의
'나다움'

주체성 없는 인간을 인간으로 봐야 할까? 앞으로 인간 사회에서 인간성을 유지하려면 그럴 수밖에 없을 것이다. '주체성이 꼭 필요하냐'는 질문에는 사실 자신 있게 대답할 수 없다. 세상에 주체라는 것은 없기 때문이다. 오늘날 우리가 말하는 주체는 인류가 갖고 있던 망상이며 일종의 집단 환상이었는지도 모른다. 모두가 평등하게 인터넷에 연결됐을 때 주체성만 강조하는 대신, 상대를 인정해 주는 사고방식으로 옮겨갈 수 있을 것이다. 혹은 주체성을 얻을 수 있을 정도로 인간이 속한 커뮤니티가 작아질 수도 있다.

한 사람이 책임감을 느낄 수 있는 규모는 30명 정도가 한계라고 한다. 벤처기업이나 커뮤니티를 운영하는 이들의 말을 들어보면, 그보다 규모가 커지면 책임 소재가 불분명해지고 의사 결정이 어려워진다고 한다. 그런 일이 발생하기 전에 커뮤니티를 분할하든가, 자신의 주체성만 강조하지 말고 상대를 인정하며 살아가는 길을 택해야 한다.

앞으로 '나답게 산다'는 개념은 사라질 것이다. 세상의 모든 사람과 비교했을 때의 '나다움'이란 것과 특정 커뮤니티 안에서의 '나다움'. 후자는 바로 실현할 수 있기 때문에 사람은 커뮤니티 속으로 도망치게 된다. 일단 커뮤니티 속으로 들어가면 개성은 자연스럽게 드러난다. '어떤 사람이 되려고 노력하는 것이 선(善)이고 인간성'이라는 사고방식을 계속 유지할 필요가 없을 것이다.

글로벌
니치 전략

세계적 차원에서 자기답게, 독창적으로 산다는 것은 상당히 어려운 일이다. 과거에는 내가 속한 나라에서 인구 1억 분의 1의 나다움만 갖추면 됐다. 하지만 이제는 전 세계 70억 속에서 나다워야 한다. 기술은 발전하고, 개성은 무수히 존재한다. 국내에서는 독창성이 있다고 여겨지는 문화인이나 유명인조차 나다움을 유지하기 어려워질 것이다. 모두가 세계적 유명 인사나 실업가가 될 수는 없기 때문이다.

프리랜서 아나운서, 실업가 등 많은 명함을 갖고 있는 유명인 미노 몬타가 진행하는 일본 프로그램 〈퀴즈쇼 밀리어네어〉가 세계에

방영됐을 때를 생각해 보자. 글로벌 차원에서 보면 그는 '일본 지사(支社)'의 사회자 정도로 평가 절하될 것이다. 이런 예에서도 알 수 있듯이 지금 우리의 의식은 커뮤니티 단위로 분할돼 가고 있다.

반대로 말하자면 일단 커뮤니티를 만들고 거기서 나다움을 찾는 방식, 즉 '세계를 좁히는 방식'으로 나다움을 찾을 수 있다. 자기가 소속될 커뮤니티를 결정하는 것이 나다움을 찾는 일보다 중요해질지도 모른다. 아니, 커뮤니티를 찾는 것이 아니라 커뮤니티를 만든다는 전략적 발상이 중요하다. 그것이 블루오션(미개척 시장) 전략이다.

앞서 언급한 상대적인 것 속에서 나다움을 생각하는 사고방식에는 시대성이 따라 붙어야 한다. 항상 현재가 어느 시대인지 염두에 두어야 한다는 뜻이다. 시대의 특성은 스테이크홀더stakeholder(이해관계자)와 기술적 발전 수준에 의해 만들어진다. 경쟁에서 승리할 수 있는 인간만이 그 시대의 테크놀로지 수준에 가치를 제공할 수 있다. 그럼에도 불구하고 개인이 시대성을 의식하고 나답게 살려면 상당히 고도의 기술이 필요하다. 시대라는 관점에서 보면 세계적 경영자와 선두주자들은 시대를 계속 읽어내고 있음을 알 수 있다.

독창성을 찾기 어려운 시대성 속에서 나다움을 추구할 수 있다면 글로벌하면서도 자기다운 인간으로 살아갈 수 있지만, 그렇지 못하다면 나다움을 찾을 수 있는 커뮤니티를 고르는 것이 더 중요하다. 그 결단에 우열은 없다. 글로벌 시대일수록 니치를 정확히 포착해야 생존 전략을 세울 수 있다.

글로벌과 로컬에
차이는 없다

요즘 글로벌 경제, 글로벌 마
켓, 글로벌 사회라는 단어가 많이 사용된다. 글로벌이라는 단어와
더불어 우리가 생각해야 할 것이 로컬이다. 로컬과 글로벌은 우열
관계에 있는 것이 아니다. 둘 사이에 차이는 없으며 '양쪽 다 좋다'
고 생각하는 것이 중요하다.

우선은 로컬에서 일을 시작하고, 그 후 글로벌로 확장하는 것을
반복하는 게 바람직하다. 로컬에서 캐릭터를 만들어 낸 뒤 글로벌
로 가져가는 것이다. 반대로 글로벌에서 로컬로 맞춰 갈 수도 있다.
로컬과 글로벌은 수직 관계가 아니라 대비 관계인 것이다. 양쪽을
번갈아가며 지속한다는 것이 21세기적인 라이프스타일을 결정하
는 지표다.

예를 들어 미국에서 유명한 음식점이 세계 무대로 체인점을 늘
려 가는 것은 글로벌한 이야기다. 반대로 글로벌하게 사업을 펼치
던 음식점이 국내에 진출하면 로컬한 이야기가 된다. 즉, 로컬과 글
로벌은 목적과 지표가 다르며 로컬이라고 돈을 벌지 못하는 것은
아니다. 우리는 그 차이를 이해하고 로컬과 글로벌, 각 시장에 맞는
전략을 선택해야 한다.

03

경쟁심의 경쟁력

인터넷이 만들어 낸 생태계는,
개인의 삶이 쉬워지는
니치 커뮤니티를 낳는다

지금까지의 '경쟁'은 많은 사람이 한정된 개수의 파이를 차지하려고 쟁탈전을 벌여야 했기 때문에 시작됐다. 어떤 형태로건 결말을 지어야 했기에 경쟁은 지속돼 왔다.

그러나 사회구조가 다양화되면서 우리는 쟁탈전을 벌이지 않고 각기 다른 분야에서 담담히 일해도 파이를 얻을 수 있게 됐다. 모든 사람이 서로 다른 방향으로 나아가도 생산성을 유지할 수 있고, 사회는 지탱된다.

앞으로 우리는 경쟁자를 추월하는 사람을 부러워하거나 경쟁자의 성공에 불안해하는 대신, 긍정적인 마음가짐을 갖는 노하우를 쌓고 논리로 자신을 보강하며 자신의 분야에서 담담히 일해야 한다.

경쟁은, 선택하는 입장에서는 기회비용이 줄고, 선택받는 입장에서는 더 잘하려는 동기 부여가 되는 긍정적인 면이 있다. 반면 사고의 다양성을 줄이고, 경쟁에서 패배해 의욕을 상실하게 하는 등 부정적인 면도 있다. 하지만 이제 경쟁을 중시하는 그런 사고방식은 없어져야 한다.

이제는 다양화된 사회에 맞춰 이전과는 다른 생존 전략을 추구해야 한다. 연구 활동을 예로 들면 모든 연구원이 각기 다른 쪽으로 연구 방향을 잡고 있다는 것은 다양성을 추구한다는 의미에서 바람직한 일이다. 음악 세계에서도 뮤지션들이 각각 다른 주제로 1등을 차지했다면 모두가 다른 방향을 향하고 있더라도 전체적으로는 다양성을 유지할 수 있는 것이다.

파이 하나를 놓고 다투는 것이 아니라 어떻게 하면 파이의 개수를 늘릴 것인가, 이것이 AI 시대를 살아갈 인간의 생존 전략이다.

코모디티화commoditization(시장에 유통되고 있는 상품이 경쟁에 의해 차별화 요인을 잃어, 소비자 입장에서는 어떤 상품을 구매하건 차이가 없어지는 상태)와 당당히 대결하면서 인류의 가치를 높여 가야 한다. 이런 과정에서는 앞서 언급한 '담담히'가 매우 중요하다. 상대적 순위 다툼이 아니라 절대적 가치, 쉽게 말하면 '나는 내가 선택한 길을 믿어야만 하며 타인이 가는 길을 따라가지 않는다'는 신념을 가져야 한다.

이는 당연해 보일지도 모른다. '나는 나의 길을 간다'는 것은 경쟁할 때 어떤 캐릭터를 갖추느냐 하는 문제와 연결된 이야기다. 중요한 건 그 길에서 고립된 사람이 되는 것이 아니라 모두가 다른 방향으로 나아가는 것을 당연하다고 여기는 것이다. 즉 고립이 아닌 독립이라는 매우 적극적인 마음가짐과 결코 타인의 길에 신경 쓰지 않겠다는 자세가 필요하다.

타인과 다르다는 것은 그 자체로 자신의 가치를 입증한다. 만약 누군가와 경쟁을 벌이고 있다면, 그건 레드오션, 즉 경쟁이 치열한 시장에 있다는 말이다. 경쟁심을 갖는다는 것은 레드오션 사고방식이다. 우리 모두 아직 경쟁이 시작되지 않은 새로운 시장을 개척하기 위한 블루오션 사고방식을 가져야 한다.

블루오션을 찾는
'감각'을 기른다

블루오션의 기본은 다른 사람과는 다른 일을 하는 것이다. 또, 그 일을 하는 사람이 세상에 자기밖에 없더라도 그 일이 100퍼센트 옳다고 믿는 것이다. 블루오션적인 사고는 경쟁심과는 정반대의 생각이다. 기존의 시장에서 경쟁심을 갖고 우위에 서기 위해 노력하는 것이 레드오션 사고방식이라면, 블루오션 사고방식은 새로운 시장에서 자신의 일을 묵묵히, 담담히 계속하는 것이다.

어떤 게임을 하기로 결정했고 그 게임과 관련된 충분한 데이터를 확보했다면 기계가 인간을 이길 가능성은 매우 높다. 경쟁한다는 것은 선수들이 하나의 같은 경기장에 오르는 것이고, 그러려면 경기를 위한 요소와 조건 들이 결정되어야 한다. 이와 같은 전제가 충족되면 기계는 결정된 요소와 조건 데이터를 빠르게 계산할 수 있게 되며 당연히 강해진다. 이는 체스나 장기, 바둑 등을 봐도 명백하다.

하지만 블루오션에서는 무엇을 할지가 결정되어 있지 않기 때문에 인간이 기계에 승리를 거두게 된다. 그런 블루오션을 찾는 감각을 몸에 익히는 데 최대의 방해 요소는 경쟁심이다. 앞으로 우리는 경쟁심, 즉 레드오션에 익숙한 사고방식은 버리고, 자신이 믿는 길을 담담히 걸어가야 한다. 이때 어떻게 자기실현을 이루고 스트레스가 없는 환경을 만드느냐가 중요하다.

다가올 포스트 코로나 시대에는 서베이(조사)가 비전 못지않게 중요할 것이다. 지금 이 세상 어디에서 누가 무엇을 하고 있는지 지속적으로 조사하는 작업은 반드시 필요하다. 특히 자신이 하고 있는 일과 유사한 분야의 시장 흐름과 업계 동향, 이슈를 철저히 알아둬야 한다. '지금 누가 어디서 무엇을 하고 있는지'는 인터넷을 조사하면 대개는 바로 알 수 있다.

'추월당했다' 또는 '추월당할 것 같다'고 생각하는 습관을 버리자. 조사 결과 자신이 하는 일과 유사한 사례가 이미 발표됐다면

'그것에 어떤 가치를 추가해야 더 훌륭한 가치를 만들어 낼 수 있을지' 생각하자. 지금부터 그런 마음 자세를 갖추어야 한다.

04

자기실현과 책임과 전략

인터넷에 관리되는 생활과
인터넷을 관리하는 생활 사이에
우열은 없다

앞으로 인간의 라이프스타일은 두 가지 패턴으로 나뉠 것으로 보인다. 하나는 블루오션 분야에서 컴퓨터가 따라오지 못하는 가치를 창출하면서 시대를 앞서가는 패턴이다. 또 다른 하나는 플랫폼에 흡수돼 책임과 전략 부분은 컴퓨터에 맡기고 일의 핵심에만 주력하는 패턴이다.

이 둘은 상하 관계에 있는 것처럼 보이지만 그렇지 않다. 영역별로 사용되는 패턴이 다르고, 경우에 따라 번갈아 사용되기도 하는 등 공생 관계에서 역할을 분담하고 있을 뿐이다.

예를 들어 어떤 부분은 블루오션 관점으로 처리하지만, 다른 부분은 책임과 전략 모두를 컴퓨터에 맡기는 등 사안별로 다르게 대처하는 사람이 있을 것이다. 집에서는 주체적으로 결정을 내리지만, 회사에서는 고객의 요구를 그대로 수용해 업무를 추진하는 사람도 많을 것이다.

나의 경우, 일정 관리는 모두 컴퓨터에 맡기고, 컴퓨터가 짜 주는 대로 일정을 결정한다. 하지만 연구와 관련해서는 내가 직접 전략을 짜고 책임을 진다.

이처럼 워라블 시대에는 한 사람이 책임과 전략을 결정하긴 하지만 일부는 컴퓨터에게 맡기고, 일부는 자신이 직접 하는 등 모자이크 양상을 띠게 된다. 일의 핵심에 주력하고, 나머지는 '플랫폼'에 맡겨 합리화를 추구하는 시대가 되어 가는 것이다.

우버 택시를 예로 들어 보자. 우버 택시 운전사의 노동 프로세스는 어떻게 이루어져 있을까, 승객은 어떻게 찾아낼 것인가, 서비스는 최종적으로 누구의 책임인가, 승객 모집과 서비스의 운용 방식은 어떻게 할 것인가 등 우버 택시 서비스는 '책임과 전략' 부분을 컴퓨터에게 맡긴다.

주목할 점은 우버 택시 운전사들이 책임과 전략 부분을 컴퓨터에게 다 주고 컴퓨터의 지시에 따라 수동적으로 일하는 것 같이 보이지만, 실은 엄청 즐겁게 일하고 있다는 점이다. 보통 택시 운전사들은 어떻게 해야 더 많은 승객을 태울 수 있나, 어떻게 해야 더 나은 서비스를 제공하나 등을 고민하며 택시 운행의 책임 대부분을 자신들이 지기 때문에 생각보다 즐겁지 않게 일하고 있다. 그런 책임이 따르는 업무를 즐기는 사람이 있을지도 모르지만, 이렇게 할 일이 많아지면 극히 일부만 살아남게 될 것이다.

이에 비해 우버 택시 운전사는 책임과 전략을 컴퓨터에게 맡기고, 자신은 게임 감각으로 승객을 태우는 일에만 전념한다. 게임화된 작업을 하면서 돈을 버는 것이다. 우버 택시 운전사는 컴퓨터와 업무를 분담한 덕에 운전에 집중하고 승객과의 소통에 전념할 수 있다. 전략을 위양하고 책임에서 해방되어 스트레스가 없는 업무 스타일을 즐길 수 있는 것이다.

담담히 추진하는 블루오션적 행복이란 바로 이런 것이다. 자신이 실현해 온 것을 되돌아보고 즐거워하고 즐기는 것이다. 경력도 잘 쌓을 수 있고 워라블도 실현된다. 일이 바로 삶이 되는 것이다.

하지만 워라블은 컴퓨터가 책임지는 분야 외에는 자신이 직접 책임지고 전략을 짜야 하기 때문에 압박감이 높고 자기 관리에 신경 써야 하는 등 스트레스를 높일 가능성도 있다. 또 스트레스를 받지 않을 만큼만 일하면, 하는 일에 몰입도가 떨어지고 자신의 일에서 의미를 잃을지도 모른다.

따라서 어떤 방식이 낫다고 단정할 수는 없다. 생활의 모든 면을 블루오션화하고 모든 책임과 전략을 기계에 맡기는 것이 아니라, 글로벌과 로컬의 균형을 맞추면서 인간과 컴퓨터의 임무를 적절히 섞어 넣으며 다양하게 시도해야 한다. 다시 말해 생활은 모두 컴퓨터에 맡기지만 일은 블루오션을 공략하는 사람도 있고, 육아는 자신만의 방법을 사용하지만 업무는 기꺼이 컴퓨터의 말을 들으며 편안한 길을 택하는 사람 등 각자의 상황과 업무 성격에 따라 그 방식이 다양해질 것이다.

모든 라이프스타일이
허용된다

이렇게 되면 일과 삶을 구별하던 지금까지의 '워라밸' 구조에서는 힘들었던 노동 형태가 가능해진다. 생활은, 창조적인 라이프스타일에 독창적인 사고를 더해 블루오션화하고 일은, 자신의 주도 아래 전략을 짜고 책임을 지는 방식을 택하는 것이다.

이러한 게이미피케이션Gamification(게임이 아닌 분야의 과제 해결이나 고객 전략에 게임 디자인 기술과 메커니즘 등 게임이 가진 재미 요소를 접목시키는 방식) 사고방식이 최근 들어 주목을 받고 있다.

이전에는 한 사람이 모든 전략을 짜고 그에 따른 책임을 져야 했기 때문에 모든 면에서 뛰어나지 않으면 안 됐다. 하지만 앞으로는 사람에 따라 전략이 바뀔 것이다.

예를 들어 '모든 것을 기계에 맡기고, 취미는 블루오션에서 찾는' 식의 극도로 예술적인 삶을 사는 것도 가능하다. 온갖 생활 면에서, 온갖 장르 면에서 모든 것이 가능해질 것이다.

이제 모든 라이프스타일에서 우리의 다양성을 허용하고, 인간이란 마땅히 이래야 한다는 '당위론'을 주장하지 않는 것이 포스트 코로나 시대에는 중요할 것이다.

05

신앙

'믿는다'는 단순한 일이
개인의 건전한 정신을 유지하는
원동력이 된다

오늘을 살아가는 우리에게 신앙은 필요하지만, 여기서 말하는 신앙
이 꼭 종교적 신앙을 의미하는 건 아니다.

내가 좋아하는 것은 무엇인가, 나는 무엇을 통해 생활 속에서 평
정심을 찾는가, 나는 무엇을 기준으로 가치를 정립하는가 등 '내 가
치의 기준은 무엇일까?'라는 문제에 대한 개인의 결론이 바로 신앙
이라고 볼 수 있다.

이런 맥락에서 이제 문화나 교육 등은 신앙이라는 단어로 바꾸
어 말할 수 있게 됐다. 일본은 1960년경에 시작된 고도 경제성장기
이후, 혹은 2차 세계대전 패전 후 '돈을 버는 것도 옳은 일이고, 자
신의 꿈과 이상과 능력을 실현하는 것도 옳은 일이다'라는 '배금주

의와 자기실현'이란 신앙을 새롭게 얻었다.

하지만 오늘날 이러한 배금주의와 이기적 소망을 실현하는 것에만 몰두하는 신앙은 그다지 정당하지 않을 뿐더러 오히려 이상한 방향으로 변질되고 있다. '배금주의와 자기실현'은 모두가 같은 방향을 향해 나아갈 때나 공동 환상에 빠져 있을 때는 생산성을 향상시키는 신앙이었지만, 오늘날에는 그저 족쇄로 작용할 뿐이다. 더는 모든 사람이 같은 방향으로 가지 않는다. 따라서 가져야 할 신앙도 사람에 따라 달라졌다. 이제 각자의 신앙을 지키고자 하는 사고 방식이 필요하다.

사람에 따라서는 '취미를 즐기면서 산다'는 것이 신앙이고, '자녀를 키운다'는 것이 신앙이다. 독실한 기독교나 불교 신자라면 교의에 따라 평온하게 사는 것이 신앙이 된다. 세계적으로 주목받는 AI 기업과 스타트업이 모여 있는 미국 실리콘밸리를 좋아하는 사람에게는 회사를 세워 세계를 바꿔 보는 것이 신앙일지도 모른다. 과학자에게는 과학을 통해 인류의 뛰어난 지혜를 진보시키는 것이 신앙이라고 할 수 있다.

이처럼 어떤 형태로든 신앙을 갖는다는 것은, 개인이 추구하는 가치가 극도로 다양화될수록 깊은 의미를 갖는다. 인간이 삶에서 길을 잃어 우울증에 빠지는 것을 막기 위해서도, 스트레스 조절을 통해 심신을 평안하게 유지하기 위해서도 신앙은 필요하다. 이는 점점 더 개인의 가치가 다양해지는 미래에 행동의 원동력으로서 매우 중요해질 것이다.

그런 시대에 대비해 우리는 어떤 신앙을 가져야 할까. '○○이라는 가치는 나에게 어떤 의미가 있을까?' 혹은 '이들 정보는 나의 가치 기준에 비추어 어떤 의미를 가질까?' 등 모두가 각자의 신앙에 비춰 생각하고 정의를 내려야 한다. 그럴 때 나에게 확고한 가치 기준이나 절대적인 것, 즉 신앙이 없으면 자신만의 행동 지침을 갖지 못하게 된다. 어떻게 가치를 결정하고 행동해야 하는지 판단할 수 없게 된다.

지금까지는 생활의 모든 것에 우선순위가 있었고, 정상에 있는 사람과 밑바닥에 있는 사람은 사고방식이 서로 극명하게 달랐다. 하지만 이제부터는 모두가 발언권을 가지고 각자의 의견을 밝혀 집단의 나아갈 길을 정해야 하는 시대다. 이럴 때일수록 수가 가장 많은 중간층의 의견이 모든 것을 결정할 가능성이 높다. 그렇게 되면 사람이 갖는 동기 자체도 싱귤래리티 이후에는 희박해지고 말 것이다.

그런 상태에서 벗어나려면 나의 가치 기준에 대한 신앙을 갖고 개인의 특성을 살려가야 한다. 자신의 가치를 결정하기 위해 필요한 기준과 개성을 발휘하기 위해 필요한 자신의 특성을 파악하고 있어야 비로소 블루오션을 선정할 수 있다.

'기계와 인간의
대립'의 종언

자기실현이라는 신앙은 기계화의 반증으로 나타난 것이다. 1700~1800년대에 생활은 속속 기계화되었다. 인간이 기계를 사용하게 되면서 기계는 인간의 지시대로 다양한 것을 만들었다. 하지만 기계와 달리 남의 지시대로 움직이지만은 않는 인간에게는 자유의지가 중요하고 그 자유에 근거해 자기실현을 한다고 우리는 생각해 왔다.

다른 종교는 생활이 기계화되기 전인 1700년대 이전에 교의가 생겨났기 때문에 자기실현과 자유의지에 대한 욕구가 강하지 않다. 막스 베버Max Weber는 자본주의의 성립에 관해 "노동을 통해 이윤이 생겨나고 이윤을 자본의 재투자로 연결하는 것이 종교적으로 가치가 있다고 믿었기 때문에 자본주의는 태어났다"고 말하고 있다. 바로 '칼빈주의Calvinism'다. 기계화 이후에는 인간의 자유의지에 의해 발생한 인간과 기계의 차이를 어떻게 해석하느냐가 중요한 철학적 과제가 됐다.

기계화 이후에 갖게 된 자기실현 욕구는 우리가 살아갈 인터넷 이후의 세상에서는 맞지 않을지도 모른다. 공동의 플랫폼이 태어나고, 커뮤니티가 다양화되고 있는 지금 시대에 기계화의 반증으로 나타난 자기실현과 자유의지가 잘 들어맞는다고 보기는 힘들다.

그렇다면 자유의지와 자기실현 이외의 신앙은 무엇일까. 그것은 자신의 가치 기준을 만들고, 스스로 자신의 가치를 결정해서 믿는 것이 될 것이다. 그건 현재는 물론 앞으로도 계속해서 의식적으로 해야만 하는 작업이다.

06

취미

능력이 빼어난 사람이
다 사라지고 나면
사람들 사이의 차이는
취미밖에 없게 된다

취미란 '그 누구의 제약도 받지 않으며 자연스럽게 하게 되는 것'을 말한다. '취미'는 육체에 딸려 나온 페티시즘Fetishism(주물숭배, 물신숭배, 성적 도착 등)이라고 생각한다. 스스로의 힘으로는 벗어나기 힘든 개성의 다른 측면이기도 하다. 취미는 개개인의 하드웨어나 어린 시절의 환경에서 기인한다. 일에서는 그다지 능력을 발휘하지 못하는 사람이 취미 쪽에서는 엄청난 개성을 보이기도 한다. 취미를 소중히 하지 않으면 능력이 있든 없든 사람은 개성과 자신감이 사라지고 말 것이다.

이제부터는 합리적이고 획일적으로 사람들에게 받아들여지는 '편리함' 같은 가치는 곧바로 플랫폼에 흡수되고 말 것이다. 그 대신

합리적이고 획일적이지 않은 것이 점점 더 그 가치를 인정받게 될 텐데, 바로 취미에서 그런 비합리적인 요소를 발견할 수 있다.

학생들과 공동 연구를 시작할 때 무슨 연구를 하고 싶으냐고 물으면 처음에는 대개 대답을 하지 못한다. 그때 좋아하는 것을 연구 대상으로 삼아도 좋다고 하면 학생들은 서서히 의견을 말하기 시작한다.

좋아하는 것을 말하지 못하는 학생은 취미가 없다는 뜻이다. 취미가 있으면 '다른 사람과 다른 뭔가를 하고 싶은 동기'를 발견하기 쉽다.

업무가 될 수 있는
취미 3가지를 가진다

중요한 사실은, 컴퓨터는 취미가 없고 끊임없이 투명해지려 한다는 점이다. 이와 달리 인간은 자신의 행동에 취미를 추가하며 활동한다.

'색깔이 있는 취미란 무엇인가?' 이 말을 이해하지 못하면 다가오는 싱귤래리티 사회에서 합리성에 흡수되고 만다. 모든 사물에는 투명성과 취미성이 있고, 거기에 인간만이 자신의 색깔을 덧칠할 수 있다.

취미를 개발하는 데는 몇 가지 방법이 있다. 대개 어른이 되는 과정에서 뭔가 한 가지 정도는 좋아했던 일이 있을 것이다. 바쁜 업무나 학업 때문에 포기했던 것을 어른이 돼서 다시 해 보면 의외로 즐거운 것들이 있다. 그걸 찾아 취미로 삼는 것이다.

인공지능과 로봇이 일을 대신해 주는 사회가 되면 자유롭게 쓸 수 있는 가처분 시간이 늘어난다. 그 시간을 이용해 자신의 독특함, 개성, 페티시즘을 강화할 수 있고, 그것이 앞으로 업무와 일로 활용될 것이다.

워라블 시대에 취미는 매우 중요한 존재다. 예술가의 작품을 봐도 좋고 손으로 무언가를 만들어도 좋고 몸을 움직이며 뭔가를 해도 좋다. 자신이 무엇을 좋아하는지 생각하는 것이 가장 중요하다.

가장 좋아하는 취미를 일로 삼는 것이 이상적이다. 취미로 시작했던 일이 직업이 되면 업무에 스트레스가 줄어들어 많은 이익이 발생한다. 매우 바람직한 일이다. 그리고 비합리적인 동기에서 일이 시작되기 때문에 기계보다 창조적으로 생각하고 독창적으로 일할 수 있다.

이런 식으로 일을 해 나가는 것이 포스트 코로나 시대의 특징이다. 8장의 '게임성과 놀이'에서 자세히 설명하겠지만, '놀이'를 중시해 가는 과정에서 취미는 핵심이 될 것이다.

놀이라고 하면 가볍게 들릴지도 모르지만, 사실 이는 몹시 어려운 문제다. 취미를 일로 삼을 때의 가장 큰 문제는 업무로 전환할 수 있는 취미를 찾기 힘들다는 점이다. 하지만 업무로 삼을 수 있는 취미를 만드는 것이야말로 워라블 전략의 핵심이다. 업무로 전환할 수 있는 취미를 3가지 정도 만들 것을 권한다.

한가할 때 하는 일이
중요하다

자기 취미를 공개하기 부끄럽다는 것은 '페티시즘이 부끄럽다'고 말하는 것과 같다. "이 사람아! 다 큰 어른이 ○○를 좋아한단 말이야?"와 같이 말하는 사람들의 시선이 신경 쓰이는 것일 수도 있다. 그 이유는 취미와 다른 일을 직업으로 갖고 있기 때문이다.

하지만 앞으로는 취미와 전혀 관계없는 직업을 갖는 것이 도리어 적절치 않은 세상이 될 것이다. 취미와 비슷한 분야의 직업에 종사하고 있다면 일하는 시간이 그리 괴롭지 않고, 스트레스도 받지 않게 된다. 결국 '좋아하는 일을 해야 성공한다'는 오래된 격언이 들어맞게 된다.

제일 하고 싶은 것은 무엇일까. 정답은 매우 쉽다. 모든 업무에서 해방됐을 때 가장 먼저 하고 싶은 그것이다. 그건 그냥 만화를 보는 것일 수도 있다. 이 점을 깨달았다면 그다음에는 '그저 만화를 볼 때 어떤 충동을 느끼는지' 깊이 생각해 보면 된다.

물론 진정으로 업무와 취미가 일치하는 사람은 아무것도 하고

싶지 않을 때 정말로 아무것도 하고 싶지 않아서 그저 가벼운 의도
로 만화를 보는 것일 수도 있다. 자신은 과연 어느 쪽인지 찬찬히
생각해 보기 바란다.

07

도전과 보상

인생이란 이름의 모험에서
'사행심'을 자극하던 것들이
각각의 게임 속으로 나뉘어 들어간다

2016년 〈포켓몬 고Pokémon GO〉가 유행했을 때 나는 이것이 정말 놀라운 게임이라고 생각했다. '파즈도라(퍼즐&드래곤의 약칭. 간보 온라인 엔터테인먼트가 개발한 스마트폰용 게임 애플리케이션)'가 큰 인기를 얻었을 때도 비슷한 생각이 들었고, '몬스터 스트라이크Monster Strike(주식회사 믹시mixi의 엑스플래그XFLAG 스튜디오가 개발한 게임 애플리케이션)'가 열풍을 일으켰을 때도 마찬가지였다. 물론 나쁜 의미는 아니다.

나는 이 게임들에 '보상이 있다'는 점이 끌렸다. 처음 보는 아이템이 눈앞에 떠서 엄청 흥분했고, 좋은 아이템이 내게 다가올지도 모른다는 생각에 '두근두근'했다. 여기서 '두근두근'과 '보상이 있다'는 것을 조합하면 인간에게는 '긴장감의 상승'이 중요하다는 것을 알 수 있다.

한마디로 '좌절감이 쌓이게 하는' 요소와, 결과에 따라 기뻐하거나 슬퍼할 수 있는 '감각적 보상'을 잘 관리해야 하는 것이다. 참고로 여기서 말하는 보상은 꼭 '돈'을 의미하지는 않는다. 물론 돈이 포함되는 경우도 있겠지만, 이는 정신적 쾌감, 흥분, 상쾌함, 안락함 등을 모두 포함하는 개념이다.

이렇게 보상 관리를 하는 것 역시 포스트 코로나 시대의 라이프 해크Lifehack(생활을 더 쉽고 효율적으로 만드는 업무 처리술) 중 하나다. 이는 스트레스 관리에도 도움이 되는데 그런 점이 가장 현저하게 드러나는 분야가 스마트폰 게임이다.

하지만 이 보상 관리를 도박에만 사용하면 시간과 돈을 낭비하는 것에서 그치고 만다. 물론 큰돈이 드는 것이 아니라면 도박이 그리 나쁜 취미는 아니다. 도리어 스트레스 해소에 도움이 될 수도 있다. 그러나 이보다는 좀 더 창조적인 곳에 여러분의 도전 정신을 활용했으면 한다.

보수 요소가 있는
업무

중요한 것은 우리 모두 업무에 '두근거리고 보상이 있는' 것들을 조금씩은 갖고 있다는 것이다.

광고대리점이나 출판계, 방송업계에서 일하면 매출이나 시청률에 '두근두근' 하는 '보상'을 얻게 된다. '○○를 만들어 봤다. 두근거린다. 과연 팔릴까, 반응이 괜찮을까'와 같은 기대감과 걱정이 동시에 밀려온다.

업무에도 잘될 때와 반대로 운이 나쁠 때가 있다. 따라서 보상 심리를 어떻게 일상의 업무로 끌어들이느냐가 성과를 얻는 핵심 과제가 될 것이다.

나 같은 연구자도 마찬가지다. '과연 논문이 통과될까'라고 생각하면 두근두근한다. 논문이 통과되면 기쁘고, 떨어지면 슬프다. 이는 보상이 있음을 의미한다.

한번 도박에 빠지면 벗어나기가 쉽지 않다. 이와 비슷하게 업무도 모든 걸 걸고 무언가를 따내려는 상태가 되면 소위 워커홀릭 Workaholic 이 되고 만다. 물론 그것이 꼭 나쁜 것은 아니다.

나에게 '보상'이 그저 금전인지, 물질적 쾌락인지, 정신적 안정감인지 정확히 인지하고 그 부분을 확장할 줄 알면 어느새 단순한 일은 성과가 나오느냐 안 나오느냐의 도전으로 이어지게 된다. 노벨상 수상도 이러한 프레임의 연장선에 있다.

일을 할 때 그 일의 어느 부분이 도전의 핵심인지 살펴보기 바란다. 그건 스트레스와 보상의 관계를 밝히는 작업이기도 하다.

모든 일에는
긴장감과 보상이 있다

마작, 카드 등 세상의 내기들은 우리가 일을 할 때 어떤 부분에서 두근거림을 느끼는지 이해시켜 주는 도구로서 매우 유용하다. 운동 경기를 보는 것도 돈을 걸지 않았을 뿐이지 두근거리며 긴장감이 올라가는 일이다. 도박 같은 요소가 있기 때문이다. 축구를 볼 때면 '들어갈까? 들어갈까?'라는 생각이 꼬리에 꼬리를 물며 긴장된 상태가 반복되고 '골인!' 혹은 '이런! 빗나가겠네'라는 외마디 탄성 혹은 탄식을 내뱉게 하는 결과가 이어진다. 이런 과정을 거쳐 긴장감이 점점 올라가면서 마침내 우리는 보상의 포로가 되고 만다.

'두근거리며, 이따금씩 (골인 혹은 노골의 결과가 가져다주는 쾌감이나 실망감이라는) 보상이 있다.' 모든 업무는 이런 구조를 갖추고 있으며 이것을 반복하는 사이에 우리는 서서히 업무에 빠져든다. 여기에 워라블의 묘미가 있다.

자신의 일에는 긴장감이 없다고 생각하는 사람도 있을 것이다. 하지만 업무의 어딘가에 조금이라도 위험을 감수해야 하는 요소가 있으면 업무에 좀 더 빠져들 수 있을 것이다. 매일 담담히 같은 일을 하더라도 일에 도전할 수 있는 내용을 조금이라도 집어넣을 수는 없을까. 예를 들어 어떤 제안을 할 때 약간의 도박 요소를 집어

넣어 제안을 해 볼 수도 있다. 그것이 잘 들어맞을 경우 긴장감이 올라갈지도 모른다.

취미 생활을 충실히 즐기고 있거나 가정생활이 즐겁다면 일에서 무리하게 긴장감을 올릴 필요가 없을지도 모른다. 그러나 우리 대부분에게는 푹 빠져들 수 있고 즐길 수 있는 일이 필요하다. 특히나 요즘 같은 워라블 시대에는 더욱 그렇다.

08

게임성과 놀이

스스로 정한
게임의 정의를 따르면
정말 즐길 수 있을까

'놀이'의 개념이 갈수록 중요해진다. 놀이라는 단어에는 다양한 의미가 있다. 어린 시절의 놀이를 떠올려 보기 바란다. 문제를 설정하고, 해결해 가고, 그런 가운데 보상이 결정되고 즐거움을 느끼는 것. 그런 게 바로 놀이가 아닐까. 예를 들어 게임을 한다고 치자. 장기를 하고, 술래잡기를 하고, 스포츠를 하는 것은 프레임 속에 문제와 해결과 보상이 있어서 즐거운 것이다.

놀이와 게임은 서로 분리하기 어렵다. 게임과 닮지 않은 놀이도 분명 있지만, 대개의 놀이는 게임의 성격을 갖고 있다고 말할 수 있다. 예를 들어 스키 자체를 게임으로 정의하긴 힘들지만, '더욱 빨리 내려가는 것을 과제로 설정해 미끄러져 내려오는 기술을 획득하면 그 보상으로 바람을 가르는 기분을 느끼는' 등 스키 타는 과정을 게임의 단계로 분해할 수 있는 것이다.

'문제-해결-보상'을
활용하라

스키뿐 아니라 대부분의 스포츠는 이처럼 한 프레임 안에서 문제-해결-보상이라는 형태의 놀이로 정의될 수 있다. 여기서 보상은 그 놀이에 의해 금전적 이익이 생기느냐 그것이 누군가에게 도움이 되느냐 하는 문제와 전혀 상관없다. 돈이라는 직접적인 보상과 기쁨, 슬픔, 설렘 등의 보상(또는 보답)은 다르다는 것을 다시 한번 강조한다.

21세기의 놀이에는 문제-해결-보상을 통해 타인에게 도움을 주는 요소가 많이 존재한다. 그리고 앞으로의 시대에는 그런 놀이를 할 수 있는 사람과 하지 못하는 사람이 나뉠 것이다. 문제를 설정하고 해결하는 것에 미숙한 사람, 자신이 만들어 가는 보상이 도대체 무엇에 해당하는지 모르는 사람들이 있기 때문이다.

즐거움과 행복과 두근거림 따위의 감정을 안겨 주는 '보상'이라는 존재를 모르면 일의 지속성이 떨어진다. 그 일을 계속함으로써 얻는 즐거움, 행복 등을 모르니 계속할 동기가 생기지 않는 것이다. 꾸준히 계속하는 것이 불가능하다면 워라블은 어렵게 된다.

따라서 앞으로는 업무를 게임과 같은 프레임으로 생각해 '놀이'로 만들어 가야 한다. 업무를 놀이로 만들어 하루 종일 일하라는 것이 아니라 업무라는 작은 놀이를 생활 속에 많이 집어넣으면 풍요로운 인생이 된다는 말이다.

그러한 삶을 위한 도구는 많이 있다. 크라우드 펀딩을 해도 좋고, NPO를 만들어 커뮤니티를 시작해도 좋다. 한 번도 만난 적 없는 사람들과 함께 인터넷에서 프로그래밍을 할 수도 있고, SNS에서 커뮤니티를 만들 수도 있다. 이처럼 게임하듯이 업무와 놀이를 연결하면 문제 해결을 위한 문이 열린다. 도구는 많다. 나머지는 문제, 해결, 보상이라는 3가지를 활용하는 것이다. 그러면 무엇이든 놀이가 된다.

일의 지속성을 낳는
3가지 보상

가장 먼저 생각해야 할 것은 놀이를 할 때 무엇을 해야 즐거운지, 즉 자신에게 돌아오는 '보상'이 무엇인지 생각해야 한다는 점이다. 문제의 발견과 해결은 게임뿐 아니라 일을 할 때도 늘 생각해야 하는 것이다. 그리고 자신에게 주어지는 보상이 무엇인지 생각하지 않으면 지속성을 가질 수 없다. 계속할 동기를 발견할 수 없기 때문이다.

앞에서 언급한 갬블적인 요소를 활용하는 것이 중요하다. 두근 거리는 과제 설정과 보상에 관한 이야기다. 한편 뭔가가 꾸준히 쌓여 가는 것에서 즐거움을 느끼는 사람도 있다. 적금을 좋아하는 사람이나 컬렉션을 좋아하는 사람이 그럴지 모른다.

그런가 하면 사행심으로서의 갬블적인 보상과 수집욕으로서의 컬렉션적인 보상, 피부로 와 닿는 안락함이 주는 보상이 있을 것이다. 바로바로 얻게 되는 쾌락적인 보상일 수도 있고, 기분 좋은 곳에 있다거나 상쾌함을 얻는 데서 오는 오감적인 보상일 수도 있다.

다음 3가지 보상이 지속성을 유지시킨다. 첫 번째, 갬블적인 보상은 도전하고 경쟁해서 누군가를 이겨야 얻을 수 있는 것으로 이를 위해서는 항상 경쟁 상대를 찾아야 한다. 취미로 소프트웨어 개발 이벤트 해커톤^{Hackathon}에 나가는 것도 엄청 갬블적인 것으로, 여기서 상을 받으면 큰 즐거움이 된다. 한번 성공하면 빠져나오기 힘들다. 두 번째, 컬렉션적인 보상은 쌓여 가는 것이 눈에 '보여야' 얻을 수 있다. 그 점이 매우 중요하다. 따라서 무엇이든 가시화하거나 알기 쉽게 만들어야 한다. 세 번째, 안락함이라는 보상은 오감을 제대로 발휘해 만나는 것이다. '맛있는 음식', '멋진 음악을 들을 수 있는 장소', '아름다운 풍경' 등을 생각해야 한다. 이러한 보상을 디자인하면서 나에게 가장 잘 맞는 것을 골라야 한다.

일을 지속하지
못하는 이유

보상을 얻었을 때의 기쁨을 떠올리며 '놀이로서의 인생'을 디자인해 가는 것이 다가올 시대의 키워드가 될 것이다. 놀이로서의 인생이란 정답이 있는 것이 아니라서 사람마다 당연히 다르다. 어느 하나로 한정하는 것이 아니라 모든 요소가 뒤섞인 패턴도 좋을 것이다.

내가 연구를 좋아하는 이유는 3가지다. 첫째, 좋은 평가를 받을 가능성이 있다는 점에서 '갬블적'이고, 둘째, 작품이 남는다는 점에서 '컬렉션적'이다. 셋째, 성과가 보일 때는 오감의 희열을 느낄 수 있어 '쾌락적'이기도 하다. 사실은 이 3가지가 적당히 섞여 있다고 할 수 있다. 여러분이 일을 지속하지 못한다면 이 3가지 중 어느 하나가 빠져 있어서가 아닐까.

어떤 일을 좋아서 계속하는 이유를 자세히 분석해 보면 갬블, 컬렉션, 쾌락 중 하나로 집약될 것이다. '두근거림을 느껴보고 싶다', '충실함을 얻고 싶다', '그냥 기분이 좋았으면 한다' 등등.

야구선수한테 들은 이야기인데, 그가 야구를 좋아하는 이유는 홈런을 칠 수 있을지도 모른다는 갬블적 요소, 꾸준히 몸을 단련해 숫자를 쌓아 가는 컬렉션적 요소, 그저 '탕' 하고 볼을 때릴 때의 쾌락적인 요소가 있기 때문이라고 한다. 여러분이 지금 하고 있는 일에서도 이 3가지를 찾아보길 바란다.

09

완성품

평가 가능한 지점에
도달하지 못한다면
당신의 노력은
없던 거나 마찬가지다

앞서 언급한 '컬렉션적 보상'에 관해 좀 더 이야기해 보자. 노력한 만큼 눈에 보이는 형태로 성과가 나온다는 것은 향후 커리어를 쌓아 가는 데 매우 중요하다.

예를 들어 "가위바위보를 영원히 해달라"는 주문을 받으면 의욕이 생기지 않는다. 아무리 가위바위보를 해도 구체적인 형태의 보상은 나오지 않기 때문이다. 하지만 가위바위보에서 이길 경우 포인트나 아이템이 쌓인다면 보상이 눈에 보이기 때문에 계속성을 유지할 수 있다. 가위바위보 같은 단순한 게임이라도 물, 불, 풀 등의 속성으로 전투를 벌이는 포켓몬스터처럼 게임 구조를 짜면 다른 결과를 보게 된다.

성과를 가시화할 경우 일이나 삶을 게임으로 만들기 쉽다. 그리고 무엇보다 중요한 것은 타인에게 나의 노력을 어필할 수 있게 된다는 점이다.

예를 들어 일을 하며 완성한 결과물을 SNS에 게시하면 주문을 받게 될 수도 있다. 커뮤니티에 자신과 완성한 결과물을 어떻게 소개하느냐 하는 것도 분명 싱귤래리티 이후의 중요한 키워드가 될 것이다.

즐거운 일을 통해
가치 있는 완성품을 준비한다

어렸을 때는 그저 노는 게 중요했다. 하지만 어른이 되면 내가 뭘 좋아하고 앞으로도 계속 좋아할 수 있는 일이 무엇인지 알아야 한다.

그런 즐거움을 사회에 알리면 사회로부터 돈을 받거나 상을 받는 등의 '평가'로 연결되기도 한다. 자신의 즐거움과 사회의 기쁨을 일치시키려 할 때, 타인이 평가 가능한 완성품이 준비돼 있다면 일을 쉽게 진행할 수 있다. 하지만 무리해서 사회를 기쁘게 할 필요는 없다. 놀이를 할 때는 우선 내가 좋아야 한다.

제일 먼저 내가 무엇에 기쁨을 느끼는지 파악하고 거기서부터 시작해 돈을 받거나, 인정을 받거나, 직업으로서 계속성이 있는 것

으로 만들어 간다. 그런 가운데 완성품의 가치를 사회에서 검증받
으면 된다.

자신이 좋아하는 일에 도전하고 그 일의 결과로서 무엇이 남는
지를 항상 의식해야 좋아하는 일로 자신의 가치를 인정받을 수 있
다. 첫째, 즐거운 일을 하고, 둘째, 명확한 결과물을 남겨야 한다는
것을 잊지 말자.

10

아이덴티티

게임의 규칙이 결정되면
남은 건 전술의 문제다

놀이는 일단 해 봐야 한다. 문제 설정, 문제를 해결하는 방법, 액션 플랜이 결정되면 고민하기보다는 일단 시도해 봐야 한다. 주저주저하며 고민하지 말고 벌어진 상황에서 승부하다 보면 그 놀이에서 과연 기쁨을 얻을 수 있을지 알게 된다. 반복하고 또 반복하며 결국은 자신의 특성을 알게 되는 것이다.

'나다움'은 필요 없다. 그저 타인의 흉내를 내도 좋으니 일단은 시도해 보자. '몸을 움직이지 않으면 늙는다'는 격언도 있지 않은가. 처음부터 '나다운 것을 해야 한다'며 일을 어렵게 만들지 말자.

연구도 마찬가지다. 본격적으로 연구를 시작하기 전에 하는 실험인 예비연구Pilot Study가 중요하다. 가설을 세우고 현장 작업을 시도

했을 때 비로소 알게 되는 것들이 많다. '일단' 행동으로 옮겨야 더 구체적으로 문제점을 찾을 수 있다. 그렇게 하는 편이 문제의 실마리를 발견하기에 더 낫다.

예비연구를 할 때는 선배들의 실험을 따라 하며 '완벽히' 흉내 내는 편이 결과물을 찾아낼 가능성이 높고, 재미있다. 시작하기도 전에 '이거 정말 해야 하나'라고 생각하며 우물쭈물 소극적으로 행동하면 한 걸음도 앞으로 나아가지 못한다.

놀이의 과정에서 형성되는
'나다움'

앞으로는 '놀이'만이 개인의 아이덴티티를 드러내는 수단이 될지도 모른다. 일은 대부분 누군가가 정한 프레임 안에서 해야 한다. 돈을 버는 구조가 마련돼 있고, 사람들이 분담해서 해내는 것이 업무다.

이와 다른 구조를 가진 '놀이'의 경우에는 자유의지와 자기실현이 중요하다. 아이덴티티는 자신의 보상체계, 타인과의 커뮤니케이션 수단이라는 두 가지 얼굴을 가지고 있다.

사회와 커뮤니케이션을 할 때는 '나다움'을 만들어 내고 있는지가 중요하다. 내가 왜 이 놀이를 좋아하는지 분석해 보면 '나다움'을 만드는 것의 정체를 알 수 있다.

지금까지는 독창적인 천재가 세상에 나타나 독창적인 물건을 만들었다. 그 천재성이 세상에 넘쳐났다는 식으로 위인전이 쓰였고, 다들 그게 맞다고 생각했다. 하지만 그런 시각에 이의를 달고 싶다.

한 사람의 특징이란 어떤 문제가 설정되고 그 문제를 해결하는 과정에서 형성되는 것이다. 즉 그런 과정을 거쳐 아이덴티티가 생성되는 것이 현실적으로 옳은 순서다. 선천적으로 '특징적인' 사람은 존재하지 않는다. 빠르냐 느리냐의 차이만 있을 뿐 사람은 환경과 배움을 통해 후천적으로 특징을 갖춘다.

놀이를 생각해 보면 그러한 점을 확연히 알 수 있다. 놀이를 하다 보면 사라지지 않는 특징이 나오기 때문에 적극적으로 놀이에 몰입해야 한다.

11

시대성

인간과 테크놀로지의
결합이 시대를 만들어 낸다

'워크 라이프 블렌딩', 즉 일과 삶의 조화가 무엇인지 게임을 통해 발견하고, 자신이 기쁨을 느끼는 것이 무엇인지 알았다면 이제는 '시대성'을 생각해야 한다. '이것은 어떤 상황에서 통할까' 혹은 '지금 나는 어떤 시대를 살고 있는가'를 생각하는 것이다.

시대란 물결과 같다. 파도가 칠 때 해변 백사장에서 노는 사람과 서핑을 하며 파도를 타는 사람이 있다. 시대를 의식하고 파도를 탄다면 압도적인 성과를 낼 수 있다.

하지만 생산과 산출만 의식할 경우 놀이는 곧바로 일로 전락한다. 따라서 지금 시대가 요구하는 것은 무엇이고 무엇을 해야 하는지 생각하고, 글로벌한 맥락과 로컬한 맥락 중 어떤 시각에서 접근

해야 하는지 생각해야 한다. 이것을 의식할 때 타인과의 커뮤니케이션이 도구로서 활용되는 것이다.

'왜 선배들은 그렇게 하지 않았을까', '어떤 프레임이어야 이 상황에서 잘 통할까', '왜 지금 나다워야 하는가' 등을 생각해야 비로소 다른 사람과의 차별성이 생겨난다. 그런 차별성이 없다면 깊이가 얕아져 당신은 사회에 매몰되고 말 것이다.

글로벌 맥락을 이해해야
즐길 수 있다

나는 항상 유비쿼터스 컴퓨팅의 흐름을 의식하고 있지만, 사실 대부분의 사람은 점점 컴퓨터를 의식하지 않게 되었다. 하지만 컴퓨터 기술의 그림자가 보이지 않는 동안에도, 혹은 의식하고 있지 않는 사이에도 세상은 변하고, 이러한 변화는 앞으로 더욱 커질 것이다.

그런 무의식적인 흐름을 의식했을 때 '그럼 살아가는 데 필요한 것은 무엇인가'라는 질문이 떠오른다. 부지불식간에 디지털 기술의 혜택을 보게 해 주는 소재 연구가 진행되고 있는지를 생각하고, 인간을 위해 능동적으로 소리나 빛을 내는 디스플레이를 생각하고, 마지막으로 '인간의 작업과 컴퓨터의 자동화 기술이 어떻게 결합되는가'라는 화두를 가진 휴먼 컴퓨테이션을 생각하게 되는 것이다.

원래 놀이는 전후좌우 맥락을 통해 이해해야 즐겁다. 예를 들어 오페라를 감상하기 전에 사전 학습을 하지 않으면 의미를 이해하기 어렵다. 아티스트의 라이브 공연도 사전에 음악을 들어 보고 가야 공연을 더욱 잘 즐길 수 있다.

놀이도 마찬가지다. 처음부터 전체적인 맥락을 이해해야 즐겁다. 다만 맥락을 이해하지 않아도 언어와 문화를 초월해 수용자에게 감동을 주는 표현도 있다. 그것은 무의식적으로 글로벌 맥락을 이해하고 있을 때에 가능하다는 것을 기억해야 한다.

제2부 스페셜리스트가 되라, 동시에 여러 지식에 발을 걸쳐라

×

12

코모디티화

발전을 따라가지 못하면
노력은 헛일이 된다

예전에 15세의 학생 20명에게 페이지 공작, 기계 학습, 소프트웨어 등을 가르치는 워크숍을 열었던 적이 있다. 3일간 24시간 정도 진행했는데, 한 사람도 탈락하지 않고 하드웨어와 소프트웨어를 만들어 냈다.

　이건 놀랄 만한 일이다. 전에는 24세 학생이 석사 논문을 쓸 때나 할 수 있던 일을 패턴 인식Pattern Recognition 기술 등을 이용해 15세 학생들이 해냈기 때문이다. 패턴 인식이란 화상 음성 등 다양한 정보가 들어 있는 데이터 속에서 일정한 규칙이나 의미를 갖는 대상을 골라내는 것을 말한다. 24세 어른이 9년 걸리던 일이 순식간에 코모디티화된 것이다.

그간 고도의 전문성이 필요했던 일이 인터넷에 의해 그 전문성과 가치가 엷어졌다. 지금은 난해하다고 여겨지는 일도 금방 모두가 쉽게 해낼 수 있게 될 것이다.

오늘날 우리는 인터넷 덕분에 다른 사람이 이룩한 업적을 바로 학습할 수 있고 자신의 것으로 만들 수 있게 됐다. 다른 한편으로 생각해 보면 새로운 기술을 끊임없이 받아들이고 추격하지 않으면 업무를 수행하는 것 자체가 불가능해진 셈이다. 대학 공부를 마치고 자격증을 따면 좋은 직장에 취직하고 평생 일할 수 있다는 과거의 상식은 무너졌다.

힘들게 자격증을 취득한 사람들은 앞으로도 자격증의 권위를 지켜내려 할 것이다. 하지만 기술 발전에 따른 가격 파괴와 인간에게 의존하지 않게 되는 탈인간화 현상은 분명히 일어날 것이다. 적어도 연공서열(근속연수, 나이 등에 따라 직책이나 임금이 정해지는 인사제도나 관습)과 같은 구조적 특권은 사라질 것이다.

코모디티화는 컴퓨터에 의해 가속되고, 그 속도는 과거와는 비교할 수 없을 것이다. 전에는 워드나 엑셀을 하려면 전문학교를 나와야 했고, 대학원에서 최첨단 패턴 처리를 연구하려면 먼저 대학에 들어가서 기초를 닦아야 했다. 하지만 이제 학교에서 배워야 했던 지식은 인터넷을 통해 손쉽게 배울 수 있다. 그리고 기술 발전에 따라 일과 직업이 급속도로 변하고 있다.

끊임없이
새로운 기술을 습득한다

기술은 계속 배워야 한다지만, 그것이 말처럼 쉽지만은 않다. 특히 습득력이 떨어지는 사람들은 기술 발전 속도를 쫓아가지 못한다. 그들이 자리를 빼앗기는 것은 시간문제다.

기계 덕분에 가처분 시간이 늘어났으니 '불필요한 학습 시간'을 줄여서 시간을 모으고, 이렇게 늘어난 시간을 기술을 습득하는 데 사용해야 한다. 계속해서 새로운 기술을 습득하려 노력해야 한다.

지금까지 의사는 안정적인 직업이었지만, 곧 로봇이 수술하는 시대를 맞으면 상당히 많은 의사들이 불필요한 존재가 될 것이다. 또 컴퓨터가 진단을 맡게 되면 인턴과 노련한 전문의의 차이는 없어질 것이다.

이런 일은 온갖 분야에서 일어난다. 법률 상담 대부분을 컴퓨터가 할 수 있게 되면 변호사에게 남겨진 일은 법률 조항으로만 보호받을 수 있는 기득권 정도다. 싱귤래리티 이후에는 그런 일들이 속속 발생하게 된다.

기술은 계속 배워야 한다. 앞에서 '블루오션'에 대해 말하며 언급했듯이 자기만의 개성이 담긴 캐릭터를 갖지 않으면 다른 것에 대체되는 코모디티화를 피할 수 없을 것이다.

13

마케팅 능력

개발과 마케팅이
동시에 이뤄지는 세상에서
어떻게 살아남을 것인가

마케팅 능력은 애플리케이션 이야기로 설명할 수 있다. 마케팅은 '○○가 있다면 이런 식으로 사용할 수 있다', '△△에 사용할 수도 있다', '×× 씨가 편해진다' 등 상상력과 관련된 이야기다. 이를 자신에게 적용해서 '○○에 가면 △△을 할 수 있다', '이 상품을 이렇게 하면 ××할 수 있다'와 같이 응용 가능성과 예상되는 고객, 거기에 어떤 의미가 있는지를 생각하는 것이 중요하다. 그게 바로 마케팅 능력이다.

마케팅 능력의 절반은 스토리 전달, 나머지 절반은 그것을 열거할 수 있는 능력이다. 어떤 제품을 봤을 때, 혹은 어떤 현상이 나타났을 때 그 제품과 현상을 '정량화할 수 있는 것'에서 한 단계 더 추상화해 생각할 수 있어야 한다. 수치화된 데이터를 어디에 쓸 수 있는지 추상화해서 '○○에 사용할 수 있을지도 모른다'고 생각해야 한다.

본질적으로 이런 것들이 가능하다면 상품을 힘들게 '판매'할 필요가 없다. 인터넷 시대에는 '어디에 사용할 수 있는 이러저러한 상품이다'라는 것을 더욱 명확히 알 수 있고, 기술을 담당하는 부서도 거기에 특화해 있다면 자연스럽게 마케팅과 연결된다. 불필요한 홍보 전략을 없애려면 거기에 제대로 들어맞는 상품, 혹은 들어맞는 인간이 되면 된다. 그런 전략은 무인화를 위한 방법이기도 하다.

수요와 공급을
연결하는 능력

'출구를 기점으로 삼아 입구를 찾아낸다.' 앞으로는 모두 이런 식으로 생각하고 작전을 짜게 될 것이다. 출구로 연결하는 능력은 인터넷이 가져다주며, 중간 커뮤니케이션 능력도 인터넷에 의해 강력해진다. 그렇게 되면 상품을 만드는 '입구' 단계부터 판매가 이뤄지는 '출구' 상황을 생각하며 상품을 개발하는 것이 당연해진다.

요즘 세상에서는 이것을 '마케팅 능력'이라고 부른다. 시장이 무엇을 필요로 하는지를 생각하는 능력이 바로 마케팅 능력인 것이다.

시장은 수요를 갖고 있다. 그 수요에 공급을 부여하는 능력, 수요가 계속되도록 만드는 능력 또한 마케팅 능력이다. 그건 애플리케이션을 창조하는 것과 매우 유사하다. 그 중간에 존재하는 홍보 전략 부분, 즉 어떻게 통신하고 어떻게 고객에게 제공할 것인가 하는 부분은 이미 다양한 정보 통신 도구가 존재하기 때문에 매우 쉽게 처리할 수 있다.

개발 단계부터
마케팅을 생각한다

바꿔 말해, 마케팅을 생각하지 않고 만든 물건은 만든 뒤에 마케팅을 해도 팔리지 않는 시대가 되고 있다. '누가 원할까', '왜 그 물건이 필요할까' 그리고 '이걸 팔려면 어떤 맥락이 필요한가' 등을 끊임없이 생각해야 한다.

지금 판매 일을 하고 있는 사람들이 앞으로 머무를 곳은 판매의 전 단계인 개발 분야가 될 것이다. 지금의 판매 방식이 억지로 팔아치우는 '사기꾼'과 같다는 생각이 들었다면 위기감을 가져야 한다. 기술을 익히거나 본질을 이해하는 능력을 갖춰야 한다.

상품을 팔기 위해 고객에게 얼마만 한 편리함과 도움을 주는지를 개발 단계부터 생각하는 것이 효율적이다. 싱귤래리티 이후에는 필연적으로 개발과 마케팅은 같은 뜻을 갖는 단어가 될 것이다.

이윤의 재투자

그간 법률이 인격을 만들었다.
이제는 테크놀로지가 인격을 만든다

회사는 사람보다 수명이 짧다. 그러니 회사에 매달릴 필요가 없다. 한 세기 전에는 기술 혁신의 속도가 느렸기 때문에 회사의 수명이 길었다. 이노베이션은 쉽게 일어나지 않았고, 정보 전달을 담당했던 매스미디어의 속도도 느렸다. 회사의 수명이나 비즈니스 모델의 기한, 미디어의 수명이 모두 길었기 때문에 40년 정도의 평생 고용이 가능했다. 하지만 지금은 그 모든 것의 수명이 더욱 짧아졌다.

이에 걸맞게 비즈니스 모델이 속속 바뀌고 있다. 자신만의 기술을 항상 비축해야 하고, 시장이 어떻게 움직이는지, 업계가 어떻게 변하는지 눈여겨봐야 한다. 그렇지 않으면 여러분의 기술과 능력은 무용지물이 되고 만다.

회사를
충분히 이용하라

설사 해고를 당하더라도 '지금 시장이 변하고 있으니 이번에는 여기에 도전해 보자'라는 생각으로 적극적으로 움직여야 한다.

회사에 집착하지 말자. 회사를 이용할 만큼 이용하라는 말이다. 이익이 나는 비즈니스 모델과 기술이 무엇인지 파악하고 있다면 그 분야에서 분명 이윤이 날 것이기 때문에 새로운 비즈니스도 생겨날 것이다.

미국에서는 처음에 인텔, HP 같은 회사가 하드웨어를 만들어 이윤을 얻고, 그 이윤을 소프트웨어나 PC 회사에 재투자해 애플과 같은 회사가 성장했다. 2000년 들어 그 이윤을 재투자해서 소프트웨어 개발사가 크게 성장했고 이후에는 매수를 거듭하면서 커져 갔다. 이는 회사가 자본을 어떻게 재투자할 것인가, 아니면 업계가 어떻게 자본을 재투자할 것인가 하는 문제의 답을 극명하게 보여준다.

회사는 변화하는 생물이라는 사실을 잊지 말자. 따라서 마케팅도 늘 '시대성'을 생각해야 한다. 시대성을 의식하면서 기술을 만들고 익혀야 한다. 이렇게 회사를 충분히 이용했다면 언제 그만둬도 좋다.

이윤이
가리키는 데로 가라

지금까지는 대기업 차원에서 말했지만, 회사에 이윤이 쌓여 있다면 재투자는 여러분 자신이 주체적으로 하는 것이 좋다. 회사 외부에서 새로 연구를 해도 좋고 새로운 기업 매수를 계획해도 좋다. 지금 바로 새로운 것을 선전해도 좋다. 회사에 몸담고 있을 때 그런 이윤 재투자 프로세스를 설계해두는 것이 바람직하다.

지금까지 일본 기업이 실패한 이유는 글로벌 혁명, 디지털 혁명, 인터넷 혁명을 구분하지 못했기 때문이다.

글로벌 혁명은 1980~90년대, 세계가 하나로 연결되면서 온갖 지역에서 세계로 진출했던 현상을 의미한다. 한편 디지털 혁명 때는 소프트웨어가 중요해졌다. 인간은 엑셀을 활용해 업무를 효율적으로 진행하는 등 컴퓨터로 업무를 통합하는 방향으로 일의 흐름이 바뀌었다. 이에 따라 설계도인 '소스 코드'를 만드는 쪽이 주도권을 장악했다.

인터넷 혁명은 언제 어디서나 연결될 수 있게 된 상황을 가리킨다. '롱테일Long Tail'이 가능해졌고, 커뮤니케이션 비용이 저렴해졌다.

현재의 인공지능 혁명은 가상현실Virtual Reality에 의해 물질의 가치나 소프트웨어의 가치가 뒤죽박죽되고, 온갖 판단과 학습이 비교적 염가로 가능한 사회를 만들었다.

니치를 노릴 것인가,
최대공약수를 채울 것인가

지금 세상에는 다양한 애플리케이션이 존재한다. 애플리케이션은 최대공약수로서 충족해야 하는 조건이 있다. 예를 들어 모두가 스마트폰을 갖고 있다면 애플리케이션을 계산에 이용해도 좋고 운동하는 데 활용해도 좋고 산책에 사용해도 좋다.

하지만 그전에 스마트폰이 갖춰야 할 최대공약수가 있다. 바로 화상을 표시하는 '액정'이 그것이다. 그 최대공약수를 찾아 소프트웨어로 어떻게 관리하느냐를 연구해야 한다. 이런 작업은 그간 애플 등 OS를 관리하던 기업이 주도해 왔는데 안드로이드 휴대폰이라면 무엇이건 작동되기 때문에 하드웨어는 무엇을 사용해도 상관없다.

그렇다면 무엇을 최대공약수로 삼고 어떤 소프트웨어로 공략할 것인가. 지금 대부분의 제조 프로세스는 CAD에서 시작된다. 소프트웨어 분야에서 일하는 사람들은 CAD/CAM을 거쳐 최대공약수를 얻어낸 뒤 무엇을 할 것인지 생각한다. 비즈니스 모델이나 플랫폼 그리고 서비스도 기본적으로는 그런 식으로 움직이기 때문에 최대공약수를 찾아 소프트웨어로 실현하는 것은 중요하다.

스마트폰, 이어폰, 카메라와 같이 물성이 있는 하드웨어를 공략하는 사람들은 그 상품이 특별하고 다양성의 근원이 되며 전문성이 높고, 혹은 '어떠한 용도로서' 사용될 수 있다는 전제 아래 틈새 시장을 노려야 한다. 모두가 같은 분야를 공략한다면 소프트웨어로 하는 수밖에 없다. 즉 틈새를 노린다면 하드웨어, 최대공약수를 노린다면 소프트웨어라는 말이다.

그런 가운데 틈새 시장을 옆으로 길게 늘어뜨리는 싸움법도 있을 것이다. 틈새를 노리느냐 최대공약수를 노리느냐 그 두 가지 방향에서 점차 차이가 나타날 것이다.

따라서 분사화는 좋은 발상이라고 할 수 있다. 많은 회사가 대개 분사화하는데, 그것은 틈새 시장을 공략하기 위해 회사를 잘게 나누는 것이라고 볼 수 있다. 모두가 같은 목표를 향해 달려가지는 못하지만, 소프트웨어라면 가능하다. 반면 하드웨어로는 그것이 어려우니 틈새 시장을 노리는 것이 정답이다.

15

AI 도구

마감이라는
괴물과 싸울 수 있는
가장 중요한 무기는 무엇인가

기한이 정해진 일을 하다 보면 시간에 쫓기기 마련이다. 그게 꼭 해야 할 일이라면 피할 도리가 없지만 지금 하지 않아도 되는 일이거나, 기계에 맡겨도 상관없는 일을 하느라 바쁜 거라면 문제다.

2016년 리우 올림픽 때 AI가 경기 결과를 기사로 작성해 화제가 되었다. 이후에 머신러닝이 발달해 날씨 예보 같은 기사는 이제 사람이 쓰지 않아도 된다. 사안에 대한 장문의 분석이나 심층 취재는 여전히 우리의 몫이다. 그러나 AI는 비단 기사 작성에만 활용되는 것이 아니며 이미 기업에서도 최적의 의사 결정 방식으로 널리 쓰이고 있다. 어떤 상황에도 우리가 시간을 능률적으로 사용하기 위한 선택지가 늘어난 것이다.

이제 일상에도 불필요한 '마감 시간'을 없애라. 예를 들어 정보를 공유하기 위해 파워포인트 자료를 준비하는 사람이 있다. 이런 '일회용 회의자료'가 없어진다면 더 나은 고민을 할 시간이 늘어 사회는 더 진보할 것이다. 나 역시도 연구실에서 가급적 파워포인트를 사용하지 않는다. 대신 컴퓨터 자료를 그대로 보여 주며 설명하는데, 그 편이 듣는 사람의 몰입도를 높일 수 있어 더 효율적이다.

중간 공정에
시간과 노력을 허비하지 말자

이제 기계가 하는 일과 인간이 할 일이 다르다는 걸 명심하자. 가능한 한 AI에 내 일을 덜어내 시간을 확보해야 한다.

'그런 행동이 무슨 의미가 있느냐'며 능률보다 여전히 노력을 강조하는 구시대적 제안을 경계하라.

사회는 갈수록 수준이 높아져 핵심적인 재료과학이나 기초과학 부분의 혁신이 활발해지고 있다. 예를 들어 렌즈의 기초적인 광학 구조를 모르면 카메라를 만들 수 없지만, 조립식이라면 광학 구조를 몰라도 만들 수 있다. 즉 최상 레벨과 그 아래 레벨만 알면 중간 공정은 전부 컴퓨터에 맡겨도 되는 것이다.

'기본에 충실해야 한다'며 중간 공정을 억지로 교육하는 사람이 있지만, 이제 그런 교육으로는 본질을 익히지 못한다. 그렇게 불필요한 작업에 허비하는 시간을 최대한 없애고 지금 필요한 것이 상위 기술인지 하위 기술인지를 파악하는 데 더 많은 시간을 투자해야 한다.

AI 친화적
생활

인간을 시간에 쪼들리게 하는 가장 큰 원인은 불필요한 작업이다. 내 생각에 80퍼센트는 불필요한 일이다. 메일 보낼 시간이 없다면 전화로 하면 된다. 메일에는 성심성의껏 답해야 한다는 당위론이 여전히 살아 있기 때문에 해야만 하는 일이 늘어나는 것이다.

옳지 않으면 바꾸면 된다. 일단 방식을 바꾸면 바꿀지 말지 합의하는 데에 쏟던 정력이 줄고, 시간도 절약할 수 있다. 나는 의식적으로 불필요한 일은 없애고 본다.

나는 약속과 관련된 메일이 오면 약속 날짜를 잡아 저절로 달력에 기입해 주는 AI 유사 도구를 사용한다. 이런 도구는 앞으로 더 늘어날 것이다. 이런 애플리케이션이나 프로그램을 적극적으로 사용해 이견을 조정하는 데 드는 비용을 줄이면 훨씬 융통성 있게 일할 수 있지 않을까. '시간 있나요'라는 메일이 왔을 때, 발신자가 믿을 수 있는 사람인지를 확인한 뒤 자동으로 응답해 주는 시스템도 나오지 않을까.

이런 발전이 바로 실현되는 시기에 고작 보고 방식과 전달방식에 관한 고민으로 시간을 빼앗기는 것이 너무도 안타깝다.

싱귤래리티 세계를 대비하는
3가지 자세

마감을 없애는 방법은 '도구'를 사용하는 것이다. 그리고 '중간 공정'을 지금까지보다 덜 신경 쓰는 것이다. 마지막으로 '기계가 할 수 있는 일'은 있는 힘껏 하지 말아야 한다. 이 3가지가 매우 중요하다.

그러면 마감 압박에서 벗어날 수 있고, 앞서 언급했듯이 '장기적인 일'에 더 많은 시간을 투자할 수 있다.

지금까지 중간 공정은 화이트칼라로 불리던 사람들이 담당했다. 이 중간 공정을 컴퓨터가 맡는 사회가 소위 '싱귤래리티 세계'다. '우버'는 화이트칼라를 최대한 배제한 비즈니스 모델이고, 에어비엔비, 크라우드 소싱도 마찬가지다.

'로고 디자인' 작업을 생각해 보자. 광고회사 직원이 기획서를 돌리는 장면이 떠오른다. 이제는 그런 과정이 불필요하다.

앞으로 다가올 그런 시대를 어떻게 준비해야 할 것인가. 지금 당신이 하는 일이 중간 공정에 해당하는 작업이라면 곧 컴퓨터에게 일자리를 빼앗기고 말 테니 서둘러 다른 일을 찾는 게 좋다. 한시라도 빨리 시간을 많이 허비하는 업무를 정리하고 마감에 쫓기지 않는 생활을 시작해야 한다.

16

비합리적 커뮤니케이션

인간을 커뮤니케이션
채널로 활용한다

기계는 앞으로도 인간의 소통 체계에 접속하려 들 것이다. 지금도 회화로봇, LINE을 사용하는 시스템, Siri(아이폰의 AI 어시스턴트)가 말을 걸어오는 등 정신없이 들이대고 있다.

기계는 밥을 먹지 않는다. 배터리가 다 되는 일은 있어도 충전 중에 커뮤니케이션을 하느라 시간을 보내지는 않는다. 앞으로 인간은 기계가 사용하지 않는 방식으로 커뮤니케이션을 하게 될 것이다. 그런 면에서 회식은 인간만이 할 수 있는 소통 방식이 될 것이다.

싱귤래리티가 도래해도 인간은 밥은 먹어야 한다. 아마 잠도 자야 할 것이다. 인간이기에 하는 일은 여전히 그대로다. 그러니 우리 자신을 어떻게 활용해 나갈지를 지금보다 더 고심해야 한다.

비합리적
시간의 필요성

　간부급 인사에게는 보통 '조 깅'이나 '낚시'라는 친구가 있다. 일견 취미로 보이지만 그렇게 엄 청나게 좋아하는 취미는 아닌, 습관이라 해도 좋을 만한 취미다. 몸 을 움직여야 건강을 유지할 수 있기 때문에 조깅을 하고, 고기 낚는 건 별로 좋아하진 않지만 멍 때리는 시간을 원해서 낚시를 한다.

　낭비로 보이지만 절대로 낭비가 아닌 시간을 늘려야 한다. 그것 이 인간이 해야만 하는 일이다. 비합리적으로 보이고 업무 같아 보 이지 않는 일로 기계와 차별화를 노려야 한다.

　합리성은 당연히 인간보다 기계가 우월하다. 그러면 합리성은 왜 필요할까. '어떻게 해야 목적지까지 최단 거리로 갈 수 있을까'라 는 질문, 즉 프레임이 설정되면 해답을 찾기 위해 합리성이 필요하 다. 프레임이 없는 상태에서 합리성을 판단할 수 없다. 낚시나 조깅 같이 명확한 목표가 없을 때 합리성은 판단의 기준이 되지 못한다.

　신속히 목적지에 도착하거나 재빨리 물고기를 잡고 싶다면 기계 가 나을 수도 있다. 하지만 빨리 달리거나 물고기를 낚는 것만이 목 적이 아니라면 무심하게 달관하는 자세가 필요하다.

　기본은, 비합리적으로 유유자적한 자세를 유지하는 것이다. 문 제 해결을 위해서는 합리적인 시도를 하고, 나머지는 비합리적으로 적절히 처리하는 것이 인생을 풍요롭게 해준다.

비합리적 커뮤니케이션에 대한 욕구

지금 우리가 하고 있는 커뮤니케이션 서비스를 생각해 보자. 의외로 비합리적인 것들이 많다고 생각되지 않는가. '스냅챗Snapchat(스마트폰 사진 공유 애플리케이션)은 왜 메시지 자동 삭제 기능을 도입했나', '트위터는 왜 140자로 제한돼 있나', 'LINE은 왜 애매한 스탬프를 찍어 대며 정보를 효율적으로 전달하지 못하게 하나'. 그 이유는 사람이라는 존재가 커뮤니케이션을 할 때 비합리적인 것을 원하기 때문일 것이다.

점심이나 저녁 식사 자리는 정보 전달에는 비합리적이고 비능률적이지만, 결국 인간이 해야 할 일은 술자리를 만드는 것과 유사한 비합리적 커뮤니케이션이라고 할 수 있다.

17

오디오와 비주얼

**사람 사이의 의사 전달도
기계 커뮤니케이션과
같은 방식으로 한다**

회의는 어떤 목적을 향해 가려 할 때 최적의 답이 무엇인지를 생각하는 자리다. 하지만 그렇지 못한 회의가 많다. 어떨 땐 회의라는 이름을 단 커뮤니케이션의 장이 되기도 한다. 대학에는 '회의를 안 하면 안 된다'고 학교가 원칙으로 정했기 때문에 회의를 한다. 내가 말하는 회의는 커뮤니케이션이 아니다.

회의를 준비할 때는 반드시 컴퓨터가 있어야 한다. 지금도 회의에서 파워포인트를 이용하는 것이 일반적이며 참석자 전원이 의사록을 공유하며 회의를 한다. 모르는 것은 그 자리에서 바로 인터넷으로 조사할 수 있고, 기계가 새로운 제안을 할 수도 있다. 앞으로 인간 사이의 커뮤니케이션을 기계가 제안해 줘도 좋을 것이다.

효율적인 커뮤니케이션을 위한
스킬

　　　　　　　　반대로 인간은 회의를 할 때 컴퓨터의 일부가 된다는 견해도 있다. '휴먼 컴퓨테이션'이라는 분야는 시스템 속에 인간과 컴퓨터가 공존하는 방식을 연구한다. 해외에서도 연구가 활발하며 나 역시 이를 연구하고 있다. 인간이 기계와 대화할 때 어떤 인터페이스를 사용해야 문제를 원활히 해결할 수 있나 혹은 인간이 그 과제를 처리하는 데 시간이 어느 정도 걸리니 그 사이 컴퓨터는 무엇을 해야 좋은가 등이 주요 연구 주제다.

　인간은 오디오(음성)나 비디오(영상)로밖에 커뮤니케이션을 하지 못하고, 뇌에 전기신호를 직접 보내지는 못한다. 감각으로 커뮤니케이션하는 일은 거의 없고, 음성과 영상이라는 두 가지 수단으로만 커뮤니케이션을 하게 되는데, 앞으로는 그 커뮤니케이션을 좀 더 최적화하는 흐름으로 갈 것이다.

　인간이 가진 정보 전달 도구는 오디오와 비디오로 국한되므로 그것을 사용하는 능력, 즉 시각화해 사물을 조립하는 능력이 중요하다. 즉, 손짓, 몸짓 등으로 정보를 전달하는 능력이 회의에서 중요해지는 것이다. 어떤 프레임과 무슨 목적으로 토론할지를 결정한 뒤에 그것을 효율적으로 설명하는 것, 즉 '전달력'의 문제다.

　커뮤니케이션의 중심이라 여긴 지금까지의 회의에서는 하고 싶은 말을 하고, 어떻게 물밑 협상을 하는지가 중요했다. 그러나 우리가 의사 결정 시스템의 일부가 된 점을 감안하면 앞으로는 효율적으로 커뮤니케이션을 하고 효율적으로 정보를 투입하는 것이 더 중요해진다.

이제 오디오와 비주얼을 사용해서 디자인하고, 타인에게 그 내용을 영상으로 전달하는 방법을 익혀야 한다. 그것이 앞으로 기본적인 스킬이 될 것이다.

18

프레젠테이션

'무엇을 생각하는가'보다
'어떻게 전달하는가'가 중요하다

지금까지는 프레젠테이션 기술이 1인극과 유사했다. 연극과 영화에 등장할 법한 퍼포먼스를 더해 프레젠테이션이라고 부르기도 했다. 영화가 겸비된 연극 비슷한 것이라고 하면 맞을까. 대부분의 기업의 신제품 발표회나 기조 강연의 프레젠테이션이 그런 형식을 띠었다. 모두 '첨단 기술을 활용한 훌륭한 프레젠테이션'이었다.

이전 세기까지 연극과 영상은 매우 우수한 콘텐츠였던 '양대 콘텍스트'였다. 그러나 연극과 영화의 요소를 가미한 프레젠테이션은 21세기 회의에서는 큰 의미가 없다. 단지 엔터테인먼트로서 의미가 있을 뿐이다.

청중의 니즈에 맞는
프레젠테이션을 준비하라

프레젠테이션을 할 때는 그 목적을 먼저 생각해야 한다. 즉, 이 프레젠테이션이 '엔터테인먼트'인지, 아니면 효율 좋은 '정보 전달의 장'인지 먼저 결정해야 하는 것이다. 엔터테인먼트 프레젠테이션에는 '놀라움', '아름다움', '멋진 이론', '감정 이입' 등 인간이 갖고 있는 비합리적 요소가 들어 있다. 그 배후에는 '설렘', '즐거움', '신남' 등의 욕구가 있다. 되돌아보면 기조 강연이나 제품 발표회에서 청중들이 원했던 것은 엔터테인먼트적 요소가 강한 프레젠테이션이 아니었나 싶다.

반면 실무에 관한 내용만 담긴 심플한 프레젠테이션에서는 굳이 자료를 준비할 필요가 없다. 내가 학생들에게 곧잘 하는 말은 '슬라이드로 만들 필요는 없다. 회의록이 잘 정리돼 정보가 공유된다면 자료를 따로 만들지 않아도 된다'는 것이다.

회의록은 매우 중요하다. 회의록은 처음부터 프레젠테이션 장소에 준비해 두는 것이 좋다. 그 목록대로 정보가 전달되고 있다면 많은 준비를 하지 않아도 된다. 목록을 보며 계속 생각하고 공유되는 상태가 최상이다.

프레젠테이션을
기준으로 삼아라

논문과 회의 때의 프레젠테이션 등 2가지를 합해 '학회 발표'가 이뤄진다. 논문도 일종의 프레젠테이션이라는 말이다. 머릿속에 프레젠테이션으로서의 논문을 염두에 두면 프레젠테이션에서 쉽게 발표할 수 있는 형식의 논문을 쓰거나 쉽게 설명할 수 있게 실험을 하려는 습관이 생기게 된다.

프레젠테이션을 기준 삼아 일하게 되면 업무 효율이 급속도로 오른다. 정보 전달에 초점을 맞추기 때문에 효율적이다. 프레젠테이션 장면을 머릿속에 떠올리고 자료를 어떻게 메우면 되는지 등의 순서로 프레젠테이션을 준비하면 효과적이다.

1.9

연구개발

기계에 대한 명령법을 숙지할 것,
그것이 기계 친화성이 높은
인류가 되는 방법이다

'깃허브^{GitHub}(소프트웨어 개발 플랫폼)'라는 코드 호스팅 플랫폼이 있다. 엔지니어가 소스를 올리면 사람들이 그걸 다운로드한 뒤 새로운 기능을 추가해 올리고, 브랜치가 그걸 다시 첨삭하며 발전시키는 오픈 소스다. 개발자들의 자발적인 참여로, 깃허브는 나날이 달라지고 있다.

나는 이런 시스템을 법률 제정에도 활용해야 한다고 생각한다. 우선 규모가 작은 지역에서 시행해 보고 실패하면 폐기, 잘 굴러가면 전국에 적용한다.

소스 코드를 이런 식으로 운영하면 '모두가 소스나 업무 데이터를 공유하게 되는데 굳이 논문을 쓸 필요가 있느냐'고 말하는 사람이 있을 수도 있다. 그러나 논문의 역할은 다르다. 소스 코드는 인간이 아니라 기계에게 설명하기 위해 작성한 문장이지만, 논문은 어떤 동기로 이걸 썼는지를 인간에게 설명하는 글이다.

연구개발은 사람-기계가
공존하는 작업

기계를 작동하는 것이 유일한 목적이라면 논문은 필요가 없을지도 모르지만, 인간과 기계가 함께 일을 해야 하기 때문에 인간에게 설명하는 것은 중요한 일이다. '동기', '사용 결과', '추상화한 의미' 이 3가지를 전달하는 기술이 필요하다.

'이것을 하는 이유는?'
'의미는 무엇이고 기능은 무엇인가?'
'그것을 사용하면 어떤 장점이 있나?'
'앞으로 어떤 식으로 사용할 수 있나?'

이런 질문은 모든 업무를 지시할 때 공통적으로 해당된다. 인간에게 지시할 때는 동기와 결과와 추상화가 중요하지만, 기계의 경우에는 구체적이어야 한다. 예를 들어 '무엇을 몇 번 더하고 몇 번

곱해서 어떤 영상을 어떻게 필터링해서'처럼 구체적으로 지시를 내려야 한다. 지시가 구체적이면 그 어떤 기계도 지시대로 실행한다. 그것이 오늘날의 인터넷 시대다. 기계에 대한 구체적 지시와 사람을 컨트롤하는 추상적 지시는 별개여야 한다.

사람이 기계에게 내리는 지시는 구체적인 반면 사람에게 내리는 지시는 추상적일 때가 많다. '인간의 말을 기계에게 내리는 지령으로 변환하라'는 지시처럼 인간의 논리를 기계의 논리로 변환하는 데 능숙한 사람을 프로그래머라고 부른다. 반대로 기계에 대한 구체적 지시를 사람의 말로 전환하는 전문가가 연구자다.

기계에서 사람으로, 사람에서 기계로 지시가 빙글빙글 돈다. 이를 '연구개발R&D'이라고도 하는데 연구할 때는 기계에서 사람을 향해 지시를 내려야 하고, 개발할 때는 사람이 기계에게 지시를 내린다. 업무 지시 프로세스를 생각하면 그 업무가 개발 유형인지 연구 유형인지 구분할 수 있을 것이다. 그 점을 염두에 두고 기계에 일을 맡길 것인지, 사람에게 일을 맡길 것인지 결정한다.

20

소셜미디어

미디어는
더 이상 일방적으로
발신하지 않는다

20세기는 TV, 신문, 라디오 같은 매스미디어와 대량 생산을 위주로 하는 매스프로덕션의 시대였다. 누군가가 쏘아 올린 정보를 언론사나 방송사가 송출하면 '매스', 즉 대중에게 전달되는 방식이었다.

대량 생산품의 선전도 매스미디어가 담당했다. 카세트 플레이어나 휴대폰, 컴퓨터, 자동차, 전자제품을 만들고, 그것을 매스미디어를 통해 전달함으로써 모든 사람이 같은 제품을 가질 수 있었다. 대량 소비 덕에 가격도 내려갔다.

미디어에 노출된다는 것은 일종의 특별한 가치를 만들어 주었다. 유명인은 모두가 알지만, 유명인이 아닌 사람은 아무도 모른다. 미디어에 등장하는 세계적으로 유명한 사람은 영화감독과 배우, 정치인 혹은 올림픽에 출전하는 선수다. 거기에 나오지 않는 사람은 알려지지 않은, 즉 타인에게는 세상에 있지도 않은 존재나 마찬가지였다.

지금까지는 그런 시대였다. 하지만 이제 세상은 변했고, 매스미디어뿐 아니라 모든 사람이 정보를 발신할 수 있게 됐다. 소셜미디어는 매스미디어의 '일방통행'식 송출과 달리, 사람과 사람을 복수의 그래프로 연결한다. 미디어의 전체적인 파이가 엄청 커지게 되는 것이다.

이제 모두가 정보를 쏘는 능력을 갖게 됐다. 우리는 의식적으로 미디어에 대해 생각해야 하며, 수동적인 자세로는 살아갈 수 없는 세상에 들어왔다. '정보를 발신할 시간이 있으면 그 시간에 일이나 열심히 하라'고 말하는 사람도 있겠지만, 이제는 회사가 아닌 자기 일에 관한 정보까지 세상으로 발신해야 하는 시대다. 자신만큼 자기 일을 잘 아는 사람은 없기 때문이다.

지금 하고 있는 일을 꾸준히 RSS(뉴스나 블로그 등 각종 웹사이트의 갱신 정보를 쏘는 문서 포맷의 총칭)로 발신할 수는 있지만, 그것이 어떤 의미를 갖고 어떤 가치가 있는지는 결국 자신만이 가장 잘 설명할 수 있다. 따라서 우리는 적극적으로 자신의 일과 관련된 정보를 소셜미디어를 통해 발신해야 한다.

누구나 미디어를
가지는 세상

　요즘에도 논문 같은 것을 쓸 필요가 있느냐는 말을 곧잘 듣는다. 하지만 나는 논문을 쓸 이유가 갈수록 늘고 있다고 생각한다. 깃허브에 모든 양식의 정보를 쓰기는 힘들다. 예를 들어 수식으로 쓴 '소스 코드', 왜 이 코드는 이렇게 써야 하는지를 의미하는 '모티베이션'. 이런 것들은 깃허브 형식으로는 쓰기 힘든 정보다.

　고도로 수리적인 것과 과도하게 추상적인 것은 논문으로밖에 써내지 못한다. 실험 결과도 마찬가지로 추상적인 의미, 복제 가능한 수리적 의미 등 두 가지가 있다. 수리적 의미는 객관적인 통계 자료와 해석, 개념적 이론에 의존하는 것인 반면 추상적 의미는 자신이 직접 그 내용을 설명하고 세상에 정보를 발신하는 것을 말한다. 그 때문에 미디어와 잘 사귀어야 하는 것이다. 싱귤래리티 이후에는 자신이 직접 뉴스를 내보내지 않으면 세상에 이해받지 못하게 될 것이다.

　우리는 우리가 발신하는 정보를 직접 설명할 수 있어야 한다. 누가 무엇을 필요로 하는지, 자신은 무엇과 어떻게 연결되어 있어야 하는지 등 미디어의 '손님들'과 관계를 공고히 맺어야 한다. 그러지 않으면 일이 원활히 해결되지 못하는 경우가 발생하는 세상이 된다.

공적이고 사회적인 정보 중심의 매스미디어 세상에서 사적이고 개인적인 정보 중심의 소셜미디어 세상으로 바뀌면서 온갖 플랫폼이 개방됐다. 동영상을 업로드해도 좋고 근황을 업로드해도, 사진을 올려도 좋다. 그런 세상에서는 각 소셜미디어가 가진 특성을 잘 활용하고, 그 '도구들'을 능숙히 다룰 줄 알아야 한다.

미디어를 통해
자신을 홍보하라

컴퓨터로 모든 것을 해결할 수 있게 됐는데 굳이 나를 세상에 알릴 필요가 있나? 내 뉴스를 알릴 필요가 있나? 그렇게 생각할 수도 있지만, 그렇지 않다. 인간을 움직이고 프로그래밍하는 언어는 인간이 가장 능숙하게 구사할 수 있기 때문에 소셜미디어 역시 인간이 활용해야 한다.

추상적인 것은 인간이 다루고, 고도로 구체적이고 수리적인 것은 인터넷에서 공유하는 것이 최상이다. 그 반대되는 상황도 반드시 일어난다. 이는 엔지니어에 국한되지 않는다.

내가 무엇을 할 수 있고 남들과 다른 어떤 차별성이 있는지 미디어를 통해 세상에 알려야 한다. 자신만의 장점과 강점에 집중하고, 타인에게는 없는 특징을 홍보해야 한다. 소셜미디어를 활용해 자신의 경험을 공유하며 자신을 알려야만 한다.

매스미디어 시대에는 모두가 같은 일을 평균적으로 하기만 하면 충분했다. 앞으로는 그렇지 않다. 기술과 지역성, 나만의 캐릭터, 특수성 같은 것을 적극 알려야 한다.

21

소수파와 정치

민주주의는 전체와는
다른 의견을 조금씩
그리고 서서히 결정해 가는 수단이다

우리는 모두 정치에 관심을 가져야 한다. 모든 결정 프로세스가 어떤 의미를 지니고 있는지 잘 검토할 수 있어야 하고, 주체적으로 국가의 진로를 결정하는 일에 참여해야 한다.

큰 틀에서 무언가를 결정하는 것이 정치다. 정치는 무엇을 결정하는가. 법률과 규칙을 결정하고, 복지와 안전보장과 경제 활동을 조정한다.

대량생산 시대 때는 모두 같은 일을 하고 있었기 때문에 경제계를 대표하는 경영자와 정치인만 사이가 좋으면 문제가 없었다. 지금은 모두가 스몰 비즈니스를 운영한다고 말할 수 있을 만한 상황이다. 따라서 소수파가 목소리를 내야 한다. 모두가 소수파라 해도 과언이 아닌 세상이 됐으니 정치 활동에 열심히 참여해야 한다는 것이다.

'작은 사회' 정착,
주체적인 정치 참여의 중요성

전에는 TV 뉴스를 보고 얻은 정보를 바탕으로 투표를 했다. 매스미디어 시대에는 이것이 당연했지만, 이제는 그렇지 않다. 지방분권이 발전해 '작은 사회'가 정착되면 자신이 그 작은 사회에서 뭘 해야 하는지 고민해야 한다. 그 해법은 지방 커뮤니티에 맞는 법률을 만들어 가는 것이다. 그것이 자기실현에 중요한 건지도 모른다. 따라서 정치 참여가 대량생산과 매스미디어 시대보다 높아지리란 점은 의심의 여지가 없다.

정치에 흥미를 갖지 않으면 사회를 어떻게 살아가야 할지 모르게 된다. 모두가 샐러리맨이던 세상에서는 '앞으로 샐러리맨은 이렇게 됩니다. 자영업은 이렇게 됩니다'라고 남들이 말해 줬고, 나름대로 미래를 예측할 수도 있었다.

하지만 삶의 방식이 다양해져 많은 패턴이 생겨나면서 미래를 간단히 설명할 수가 없게 됐다. 스스로 나서서 정보를 조사하고 알아봐야 하는 세상이 된 것이다. 그러니 이제 자신과 관계가 깊어진 정치를 향해 촉각을 곤두세우고 살피지 않으면 생존이 위태로워진다.

정치는 우리의 삶,
사회 변화에 대비해야 한다

모두가 일치단결된 사회인 매스미디어의 세계라면 정치는 필요 없고, 그 흐름만 알면 된다. 다만 미국의 경우에는 매스미디어가 발달하긴 했지만 다민족 국가여서 정치가 매우 중요하다. 더구나 스테이크홀더가 많기 때문에 구성원들이 어떤 가치관으로 행동할지를 점치기가 쉽지 않다. 따라서 직접 그들의 가치관과 성향을 확인해야 한다.

일본은 그렇지 않았다. 민족의 동질성이 높고 모두 흡사한 방식으로 일했다. 하지만 인터넷 덕분에 자신을 알리는 방식도, 취미도, 흥미도 변했다. 개인이 뿔뿔이 해체된 상황에서 정치에 관심을 기울이지 않으면 살아남기가 힘들다. 그래서 중앙 정치에 좀 더 관심을 가져야 하고, 지방의 분권된 정치에도 적극적으로 참여해야 한다.

앞으로 정치의 일정 부분은 컴퓨터가 하게 될 것이다. '직접 민주 정치를 가능케 하는 도구나 정책이 인간에게 어떤 의미가 있는지'를 계산해 주는 소프트웨어가 대량으로 쏟아져 나올 것이다. 지금부터 그런 것에 익숙해지지 않으면 앞으로의 사회 변화를 좇아가지 못할 것이다.

22

정보 접근

이제부터는
한 사람 한 사람이
뉴스를 발신할 수단을 갖게 된다

정보에 접근하는 방법을 알아보자. 전에는 신문, TV, 잡지를 보면 세상에 있는 정보를 대개 얻을 수 있었다. 반대로 말하자면 신문 등에 나오지 않는 정보는 '없는 것'이나 마찬가지였다. 그런 '없는' 정보를 얻으려면 직접 취재하는 수밖에 없었다. 매스미디어에 나오지 않는 정보를 알아내는 것은 엄청 힘든 일이었다.

그러나 이제 매스미디어에 나오지 않는 정보는 SNS를 검색하면 찾을 수 있게 되었다. 매스미디어가 SNS의 뒤를 쫓아가며 보도하는 시대가 되었다. 따라서 세상의 정보를 수집하는 기술과 경로를 더욱 많이 갖추고 있어야 한다.

SNS로 세계와 지방의 정보를 수집하는 것은 매우 중요하다.

SNS를 통해 세계를 알 수 있기 때문이다. 그러니 언제든 새로운 정보를 알아차릴 수 있게 조치를 취해 놓는 것, 즉 정보 수집용 기술과 경로를 잘 갖추고 있는 것이 중요하다. SNS도 좋고, 매스미디어를 이용해 필터링해도 좋지만, 우선 정보의 다양한 기능과 역할을 알고 있어야 한다.

안테나를 펴고
정보를 수집한다

전문가라면 전문적인 정보를 늘 점검해야 하고 전문가들만 알고 있는 새로운 정보도 의무적으로 발신해야 한다. 예를 들어 나는 내 연구와 관련된 정보에 대해 잘 알고 있다. 그런가 하면 예술가의 라이브 공연을 훤히 알고 있는 사람이 있고, 어떤 조직이 이루어 낸 발명을 꿰뚫고 있는 사람도 있다. 이런 정보는 그 분야 전문가들이 의무적으로 발신해야 하는 정보고, 우리가 정확하고 신속하게 수집해야 하는 정보다.

지금까지는 모두가 획일적으로 알아야만 하는 정보, 사회 상식, 일반 상식 같은 것이 있었다. 정보에 접근한다는 것은 그런 것들에 매일 접속하는 일이었다. 그리고 접속에는 우선순위가 있어서 가장 먼저 '주변 정보', 다음으로 '전문적으로 알고 있는 정보' 그리고 'SNS에서 얻은 정보', 마지막으로 '매스미디어에서 얻은 정보' 등 단계가 있었다. 주변 정보는 SNS에서 얻고, 그보다 큰 정보는 인터넷이나 매스미디어에서 얻는 등 이제는 각각의 정보에 맞게 접근 방법도 달라져야 한다.

각 정보에 얼마만큼 접촉하느냐에 따라 그 사람의 취향이 정해진다. 그래서 각각의 정보에 균형 잡힌 접속을 하는 것이 중요하다. SNS도 이미 훌륭한 미디어이므로 잘못된 정보, '막 나가는' 정보를 발신하게 되면 큰 사건이 된다. SNS에 기록한 내용은 사라지지 않는다. 그래서 SNS는 매스미디어에 비해 검색 성능이 높은 것이다.

시간성을 가진
미디어

지금 매스미디어에 나오는 정보는 의외로 접근하기가 어렵다. 예를 들어 올림픽 메달을 딴 순간 같은 뉴스가 그렇다. 매스미디어는 시간성이 있는 미디어이기 때문에 시간을 신경 써야 한다. 하지만 SNS와 같이 기록이 남는 미디어는 언제든 접속할 수 있다.

접속할 미디어가 시간성이 있는 것이라면 시간이 한정돼 있는 것부터 우선적으로 접속하는 등 정보의 성격을 생각하고 판단해야 한다. 가장 적합한 시각에 정보에 접속해야 한다는 것은 인터넷 시대에도 적용되는 룰이다.

23

낚싯바늘에 걸린 지식

데이터의 양이 아니라
특징량을 기억에 저장한다

이제 TV에서 퀴즈 프로그램은 사라질 것이다. 일본은 비정상적으로 퀴즈 프로그램이 많은데 그 이유는 시험 공부가 거의 '패턴 기억' 형식이기 때문이다. 시험에 출제되는 문제는 사고력을 묻는다고는 하지만 사실은 해법의 패턴을 암기하고 그것을 몇 개까지 연결시킬 수 있느냐를 묻는 것에 불과하다. 연결할 수 있는 패턴의 개수는 이미 알려져 있기 때문에 사고력 문제를 가장한 암기력 퀴즈가 대부분이다.

지식과 기억력은 단연코 컴퓨터가 뛰어나고 '시리', '빅스빅'와 같은 AI 기반 음성 서비스도 우수하다. "미국의 16대 대통령은?"이라는 질문을 듣는 순간 컴퓨터에서 "링컨"이라는 답이 튀어나올 만큼 퀴즈 풀이도 컴퓨터가 당연히 뛰어나다. 즉 인간이 생각해 본 적 있는 문제는 반드시 답이 나오게 되어 있다. "이 도시 이름은?"이라는 질문과 함께 사진이 나와도 컴퓨터는 이미지 검색을 통해 바로 답을 내놓는다.

이렇게 '인터넷에 조사하면 알 수 있는 지식'은 아무리 많이 알고 있어도 의미가 없다. 그렇다고 이것이 전혀 의미가 없다는 건 아니다. 이런 종류의 지식은 완벽히 외울 필요는 없지만, 어렴풋이나마 기억이 떠오를 정도로만 갖고 있으면 된다. 한 번 정도 머리에 입력해 두는 수준이면 충분하다.

기억의 낚싯바늘,
지식을 보유하는 이상적인 방식

암기하려고 죽어라 적어 보고 수없이 소리 내 암송하지는 않을지라도 기억의 낚싯바늘이 대충 걸려 있는 상태, 어렴풋이 링크가 걸려 있는 상태가 이제부터는 지식을 보유하는 이상적인 방식이 될 것이다. '이건 어떤 구조이며, 어떻게 시작해 완결되는 것일까.' 이런 점만 머리로 잘 이해해 두고 개별적이고 세세한 부분은 실제로 작업할 때 조사하면 된다.

이런 방식은 앞으로 창조성을 활용하는 데 가장 중요한 감각이 될 것이다. 즉 '두 가지 사물이 추상적인 이미지로 겹쳐지면 어떤 답이 나올까'처럼 어렴풋함이 겹쳐질 때 인간에게만 가능한 상상력이 발휘된다.

천재로 분류되는 아라마타 히로시(일본의 SF 소설가이자 번역가, 박물학자. 시리즈 통산 340만 부 넘게 팔린 『제국도시 이야기』가 대표작)는 "창조성이란 망각 능력에 의존한다"고 말한 바 있다. 공감 가는 말이다.

과제와 문제가 무엇인지 확실히 알고 있다면 잊어버리는 능력도 도움이 된다. 진정한 창조성이란 머리가 멍한 상태에서 문제 자체가 무엇이었는지를 발견해 내는 능력이기 때문이다.

정보는 가볍게 저장하고,
지식에는 낚싯바늘을 걸어둔다

온갖 정보와 지식을 주마간산식으로 훑어보며 머릿속에 가볍게 저장하되 그 지식에는 기억의 낚싯바늘을 걸어 두어야 한다. 한 번 풀어 본 기억이 있는 상태가 가장 좋고, 자주 접하지 않아 자세히는 모르는 수준이 이상적이다.

대학에서 한 번 정도 배웠거나 전문 서적에서 본 것 같은데 완벽하게 이해하거나 외우지는 못하고 있는, 즉 '그 정보에 낚싯바늘이 걸려 있어 기억이 날 듯 말 듯한 상태'를 목표로 하자.

내가 대학 1학년 때 교수님도 "대학에서 한 번 낚싯바늘을 꿴 지식은 연구를 할 때면 금방 되살아난다"고 했었다. 필요할 때 조사하고 다시 한번 연습하면 보통은 2~3일 정도 사용할 수 있다. 나의 경우, 기초수리를 암기하지 못하면 수식 자체를 읽을 수 없기 때문에 기초수리만은 익혀 뒀다. 대신 나머지 구체적인 수식은 조사하면서 논문을 보면 이해가 되었다.

이제 모든 사람이 이런 점을 생각해야 한다. 가능한 한 많은 지식에 낚싯바늘을 걸어 두자. 완벽히 암기해 퀴즈 프로그램에 나갈 필요는 없지만, 문제를 풀거나 새로운 문제를 발견했을 때 어렴풋이 기억날 정도의 유연한 지식을 갖자.

"이제 뭐 해야 되지?"라는 질문에는 대답해 주지 않지만, "OO가 뭐지?"라는 질문에 음성 인식 서비스가 답해 주니 말이다. 이제 우리는 진정으로 중요한 과제에 집중해야 하지 않겠는가.

딥러닝에 상상력을 더하는
인간의 능력

인공지능에 '딥러닝'이 등장했다. 딥러닝의 획기적인 점은 컴퓨터가 기계 학습을 거듭하면서 '추상화된 특징량'을 뽑아낸다는 점이다. 여기서 특징량이란 데이터에 어떤 특징이 있는지를 수치화한 것을 말한다. 지금까지는 기계 학습에서 인간이 독자적인 노하우로 특징량을 정했다. 하지만 딥러닝에서는 그 특징량을 기계가 스스로 정하게 된다.

인간이 갖고 있는 능력 중 중요한 것이 추상화를 통해 특징량의 차이를 찾아내는 능력이라고 할 수 있다. 추상적인 것으로서 온갖 장르의 특징량을 가지고 있으면 상상력을 매우 효율적으로 끌어낼 수 있을 것이다.

24

스페셜리스트와 제너럴리스트

의미 없는 단순 작업에
시간을 허비하는 것은,
'인내'를 과시하는 것 외에는
아무런 의미도 없다

앞서 말했듯이 암기력 중심의 퀴즈 프로그램은 그 존재의 의미가 사라지고 있다. 하지만 지식에 '낚싯바늘을 걸어 두는' 차원의 의미는 있다. 낚싯바늘을 걸 기회는 아마도 입시 공부를 할 때가 유일할 것이다. 다양한 분야에 바늘을 걸어 둔다는 의미에서 시험이라는 존재도 가치가 있다.

　인생에서 수험 공부라는 고생도 한 번쯤 경험해 보는 것이 좋다. 다양한 분야에 바늘을 걸면서 전문성을 닦으면 훨씬 다재다능한 인재가 될 수 있다. 쉽게 말해 컴퓨터에 대체되기 어려운 존재가 되는 것이다. 하지만 전문가로서 한 가지 분야에 모든 노력과 시간을 쏟았다가 그 분야의 경쟁에서 패배하면 우위를 잃게 되므로 조심

해야 한다. 우위를 잃으면 경쟁력을 잃게 된다.

플러스 알파를 가진
스페셜리스트가 될 것

전문성이 있는 스페셜리스트와 골고루 지식을 갖춘 제너럴리스트. 둘 사이의 균형이 중요하다. 하지만 제너럴리스트에 가치가 있느냐고 묻는다면 전혀 없다고 답할 수 있다.

스페셜리스트는 앞으로 다가올 시대에 필수적인 존재이며 당신은 스페셜리스트가 되어야만 한다. 스페셜리스트가 될 것이기 때문에 수험 공부에도 의미가 있는 것이다.

이 순서가 뒤바뀌면 안 된다. 스페셜리스트와 제너럴리스트 사이의 균형을 잡는 건 중요하지만, 제너럴리스트에 머물면 안 된다. 그러면 암기력 중심의 퀴즈 프로그램이 사라지는 것과 마찬가지로 살아남을 수 없다.

한 분야에서 뛰어난 사람은 어느 정도 업무 처리 능력이 있어서 다른 분야에서 두각을 나타내기도 한다. 한마디로 '수험 공부 플러스 알파'를 하는 식이다.

수험 공부는 지식 자체가 도움이 되기도 하지만, 누구와 대화를 할 때 필요하기도 하다. 그래서 수험 공부도 의미가 있다. 다만 시험

만으로 진로가 결정되는 것은 분명 잘못이다. 그것은 출제하는 입장이 되어 보면 알게 된다. 시험 문제란 퀴즈에 불과하기 때문이다.

이제 채점도 서서히 컴퓨터가 하고 있다. 그동안은 손으로 쓴 시험지를 채점해 왔기 때문에 불필요한 인터페이스가 있어야 했지만, 이제는 컴퓨터에 답안을 입력하면 곧바로 채점할 수 있다. 컴퓨터로 채점할 수 있는 것을 낚싯바늘을 걸 기회로 활용하자.

25

초일류 전략

민주사회를 유지하기 위한
액세스권을 갖는다

자격증을 취득하려는 사람이 많다. 하지만 자격은 '최소한의 보장'에 불과하다. 꼴찌를 포함해 중위권 이하 성적으로 합격한 사람들을 생각해 보면 된다. 꼴찌에서 중간 순위 합격자까지는 앞으로 컴퓨터에게 일자리를 빼앗기게 된다.

중요한 건 자신이 그 분야의 최고냐 아니냐다. 자격증이 필요한 레드오션에서는 최고가 아니면 의미가 없다. 어렵게 자격증을 취득해도 최고가 아니면 소용없으니 틈새시장을 찾아 정상에 올라야 한다.

최고가 될 수 있는
틈새시장을 찾는다

컴퓨터가 인간을 대신해 노동을 하게 되면 이런 현상이 급증한다. '왕중왕'이 되지 않으면 의미가 없어진다. 그렇다고 나머지 99퍼센트는 죽으라는 말이 아니다. 사람이 100명 있으면 최고가 되는 100가지 방법이 있기 때문이다. 예를 들어 틈새 상(賞)이나 틈새 영예는 얼마든지 찾을 수 있다. 틈새 상이나 틈새 영예를 확보하면 누구나 운신할 공간을 확보할 수 있다.

'세계'에서 우수상을 받은 사람과 '국내'에서 우수상을 받은 사람의 차이는 무엇일까. 국내에서 상을 받은 사람은 "국내의 현지화 작업은 저에게 맡겨 주십시오"라고 요구할 수 있고, 그것만으로도 충분한 강점이 된다. 그러니 최고가 되라는 말은 결코 무리한 요구가 아니다.

세계적인 상을 받은 사람이 국내에서도 반드시 잘나갈 것이라고 말할 수는 없다. 특정 분야에서만 통용되는 상을 받은 사람이 오히려 그 업계에서는 경쟁력이 높을 수 있다. 지금은 앞부터 뒤까지 강한 순서대로 서 있는 것이 아니라 옆으로 나란히 분야별로 서 있는 시대임을 명심해야 한다.

틈새시장의 1위가
살아남을 확률

어떤 분야에서 1등이 되거나 틈새시장을 장악한다는 것은 큰 의미가 있다. 문학을 예로 들면 추리소설 분야에서 대상을 탄 작가와 일본 최고의 신인 소설 부문 문학상인 아쿠타가와상을 탄 작가가 있다고 하자. 아쿠타가와상이 권위도 있고 대단할 것 같지만, 탐정소설을 좋아하는 사람에게는 추리소설 대상을 수상한 작가가 더 대단하게 느껴질 것이다. 혹은 '이 만화가 대단해!'상을 받은 작가가 더 많은 독자를 끌어들이기도 한다.

관광 홍보물을 쓰는 '관광 매뉴얼' 랭킹 1위인 작가는 아쿠타가와상 수상자와 비교해 어떤 강점이 있을까. 관광 매뉴얼을 부탁할 때 대부분의 사람은 아쿠타가와상 수상자가 아니라 관광 매뉴얼 전문 작가에게 써 달라고 할 것이다.

틈새 분야에서 1위를 쟁취하는 편이 도쿄증권거래소 1부 상장기업에 근무하는 사람, 변호사 자격증을 갖고 있는 사람보다 살아남을 확률이 높을 수 있다. 그런 걸 생각하지 않고 열심히 일만 하다 보면 싱귤래리티 시대에 컴퓨터로 대체되고 만다.

최고를 목표로 해야 한다. 그런데 최고가 꼭 어려운 것만은 아닌 세상이 되고 있으니 중간 순위 정도로만 합격하면 된다는 생각은 버리고 블루오션을 목표로 하자.

제3부

누군가의 라이프스타일은 그 사람의 몸이 빚어낸 결과다

×

26

스트레스 없는 세상

스트레스는
자신이 결정한 규칙이나
자신이 짜놓은 구조 때문에 발생한다

나는 "스트레스가 없는 사람이 되자"고 제안하고는 한다. 만약 스트레스를 받지 않는 사람이 된다면 무척 이상적일 것이다. 모든 악습은 스트레스가 쌓이기 때문에 일어난다.

왜 스트레스가 쌓이는지 생각하다가 '주체성'이란 단어가 떠올랐다. 지나치게 주체성을 추구하다 보면 스트레스가 쌓이게 된다. 중국 고대의 노자사상에도 나오는 '무위자연(無爲自然)'이 가장 스트레스를 받지 않는 상태라고 한다. 무위자연이란 '자신이 주체적이라고 생각하지 않는 것'일 것이다.

그런 사고방식으로 무장하지 않는 한 현대사회는 스트레스가 너무 많다. 앞에서도 말했듯이 70억 분의 1로 평범해지지 않는 한 이 세상은 스트레스가 쌓이는 환경이라서 이 세상에는 스트레스 쌓인 사람들만 남게 될 것이다. 하지만 그런 환경에서 빠져나올 수 있는 사고를 할 수 있다면 스트레스는 거짓말처럼 줄어들지 않을까.

일과 생활 스트레스를
구분하라

스트레스를 푸는 방법을 생각해 보자. 제1부에서 설명한 '도전과 보상'이 포인트다. 만약 당신이 일 때문에 쌓인 스트레스를 일이 아닌 다른 걸로 푼다면 그 삶은 잘못된 것이다.

일 때문에 쌓인 스트레스는 일로 보상받아가며 일 속에서 푸는 것이 이상적이다. 즉 일은 일로, 생활은 생활로 풀며 영역을 침범하지 않아야 한다.

그리고 제일 먼저 할 일은 '스트레스를 해소할 수 있는 장소'와 '스트레스가 쌓이는 장소'의 리스트를 일 속에서 뽑아 보는 것이다.

연구 활동을 하다 보면 스트레스가 쌓이지만, 연구를 인정받으면 마음이 편해진다. 일과 삶 사이에 균형을 잡아야 한다고 생각할지도 모르지만, 일과 삶의 스트레스를 구분해야 한다는 점을 명심하길 바란다.

타인과의 비교에서 오는
스트레스

흔히들 다른 사람과 비교하지 말라고 말한다. 하지만 남들은 놀 때 나만 일한다면 스트레스를 받을 것이다. 그건 나와 다른 사람을 비교하기 때문에 발생하는 스트레스다. 크리스마스 때 일하느라 스트레스를 받는다면 그건 '크리스마스는 당연히 즐겨야 하는 날이니 남들은 이때 모두 놀 것'이라고 생각하기 때문이다.

나는 1월 1일에도 연구실에 나가 일해야 했던 적이 있었다. '새해 첫날인데'라는 생각도 들었다. 그런데 더 생각해 보니 모두가 쉬니까 그게 당연한 것으로 여겨졌고, 그래서 스트레스를 받은 것뿐이었다.

그때 중국인 유학생이 연구실로 들어왔다. 그 학생에게 새해 첫날인데 쉬지 않느냐고 묻자 중국은 1월 1일이 평일이라는 것이었다. 결국 일본인에게 1월 1일이 휴일이기 때문에 그날 일하는 것이 '스트레스'라고 착각한 것뿐이었다. 풍습은 사람과 나라마다 다르니, 자신에게만 맞는 풍습이 있어도 괜찮은 것 아닐까. 중국에서는 모두들 일한다는 말에 스트레스가 날아갔다.

스트레스 때문에 피곤할 때 그 스트레스가 타인과의 비교에서 오는 스트레스인지, 육체적 피로에서 오는 스트레스인지 잘 구별해야 한다.

27

신체성

인간이 기계와
대등하게 경쟁할 수 있는 것은
신체적 성능밖에 없다

학생들에게 "미래를 위해 지금 이 순간 준비해야 할 것은 무엇인가?"라는 질문을 받을 때마다 나의 대답은 항상 똑같다.

근육 운동. 꼭 근육 운동만 하라는 말이 아니라 하여간 운동을 하라는 뜻이다. 건강은 중요하다. 나는 복근 운동으로 일과를 시작한다. 또 일주일에 한두 번은 아침 7시에 헬스장에 간다.

모든 것이 점점 편리해지는 세상이 되어 갈수록 의식적으로 몸을 단련해야 한다. '몸이 재산'이라고들 하는데 몸을 움직이지 않으면 뇌의 활동도 떨어진다. 이는 인간과 컴퓨터를 비교했을 때 상당히 큰 차이점이다. '운동을 열심히 합시다'는 앞으로도 오랫동안 내가 학생들에게 해 줄 좋은 조언일 것이다.

뇌와 같이
몸을 단련한다

몸이 안 좋으면 뇌 기능도 무너진다. 건강할 때는 이를 깨닫지 못하기 때문에 평소부터 몸 관리를 잘해야 한다. 우리 활동의 절반은 두뇌 운동(데스크 워크), 나머지 절반은 육체 운동(운동이나 외근)인데 앞으로 노력하고 의식하지 않는 한 몸은 마음대로 움직이지 않게 된다.

앞으로 컴퓨터가 풀 수 없는 문제를 인간의 뇌로 풀어야 하고, 컴퓨터가 할 수 없는 운동을 인간의 몸으로 해야 하는 등 뇌와 몸을 강렬히 써야 할 시대가 올 것이다.

'데스크 워크'가 표에 숫자를 채워 넣는 수준의 일이라면 뇌는 물론 몸도 많이 사용하지 않게 된다. 그저 그런 화이트칼라의 일 따위는 컴퓨터에 맡기고 중요한 임무를 놓고 싸워 나가야 한다. 이를 위해서는 뇌를 단련하는 것만큼 몸도 단련해야 한다. 그래서 "우리 운동합시다"라는 너무도 당연한 이야기에 마음이 끌리는 것이다.

〈포켓몬 고〉 같이 보상이 있는 '위치 게임'은 앞으로 더욱 늘어날 것이다. 그런 도구를 적절히 사용해서 자신에게 운동이 얼마나 가능하고 어느 정도의 보상이 있어야 하는지를 안다면 가장 좋다. 스마트 워치를 차고 있기만 해도 하루 운동량을 알 수 있고, 매일 매일 조금씩 하던 운동을 종합적으로 파악할 수 있게 되어 즐거움이 늘어난다. 그런 스마트 기기의 도움을 받아서라도 가능한 한 몸을 움직여야 한다.

학생들의 질문에 대한 답변을 좀 더 보충하자면 '디지털 도구를 사용해 운동하자'는 이야기를 덧붙이고 싶다. 노력에 대한 결실은 눈에 보이게 나타나는 것이 바람직하다. 운동을 함으로써 얻게 되는 '자신의 보상체계', 즉 '무엇을 얻어야 기쁠까'를 미리 알아 둬야 한다. 잘 이해되지 않는 사람은 '운동으로 살을 빼서 스키니 진을 입는다'와 같은 목적을 설정하면 될 것이다.

28

자해 행위와 본능

성숙한 사회에서
가장 숭고한 일은
자해 행위가 아닐까

자해 행위는, 그것이 자해 행위라는 자각이 있다면 용납할 수 있다고 생각한 적이 있다. 예를 들어 흡연은 완만한 자살이며 음주도 서서히 몸을 망가뜨리는 자해 행위라고 할 수 있다. 내성 및 정신적 의존성(중독성)을 유발하는 각성제 복용은 급격한 자살행위지만, 각성제가 몸에 미치는 영향을 알면서 복용한다면 그리 나쁜 일은 아니라는 생각도 든다(물론 불법 행위는 옳지 않다).

하지만 담배를 피우는 사람치고 적게 피우는 사람을 찾기 힘들듯이 음주 역시 나이를 먹으면 습관이 된다. 술 취한 상태에서 아이디어가 나오는 사람도 있고 흡연이 알츠하이머병의 발생을 예방한다는 연구 결과도 있어서 자신의 의지에 따라 의식적으로 피우고 마시면 될 것 같다는 생각도 든다.

중독성이 없는
행위를 한다

인간은 몸에 약물을 주입했을 때만 얻게 되는, '무너진 상태에서만 탄생되는 무언가'가 반드시 있는 것 같다. 술에 취하면 자신도 모르게 본심을 밝히는 것도 그런 예에 해당한다.

의식적으로 망가지는 행위는 경우에 따라 의미 있는 결과로 이어질 수 있다. 하지만 일부러가 아니라 자신도 모르게 망가지는 행위는 의미가 없다.

또한 일부러 무너졌으니 계속 무너진 그 상태로 있으려고 하면 곤란하다. 그래서 '중독성이 없는 행위를 하자'는 것이다.

폭음, 폭식도 자해 행위와 흡사하다. 라면은 중독성이 높다. 라면뿐 아니라 고콜레스테롤, 고단백, 고유지 등은 중독성이 높다. 이들 식품은 빙하기에 인류가 뇌에 각인한 '물질' 중 하나인지도 모른다.

예를 들면 진한 국물을 우려서 만든 제대로 된 식사와 그저 고염분, 고콜레스테롤, 고탄수화물, 고에너지 음식에 대한 인간의 욕구는 완전히 다를 것이다. 후자는 빙하기의 기근 시대에 살아남기 위해 몸에 지방을 보충하려고 등장했기 때문에 본능적으로 끌리는 중독성 높은 것들이다.

본능적인 식욕을
조절한다

　　　　　　　　　　　매스미디어는 중독성이 높은
음식으로 식욕을 자극하지만, '이건 분명 뇌가 원하는 것일 뿐'이라
고 생각하면 식욕을 어느 정도 억제할 수 있을지도 모른다. 다만 기
름지고, 짭짤하고, 탄수화물이 들어 있는 음식은 맛이 좋을 수밖에
없고, 거기에 단백질까지 들어 있다면 식욕을 억제하기가 쉽지 않
다. 불고기와 백반, 라면과 돼지고기, 참치 뱃살이 바로 그런 계통
의 음식물이다. 아이스크림과 파르페, 햄버거 등도 우리가 본능적
으로 끌리는 음식이다.

　음식을 연구하던 학생이 있었다. 그는 "지방이 함유되고 짭짤하
고 탄수화물이 들어 있는 음식이 맛없기 힘들다"고 말했다.

　이에 비해 본능적으로 끌리지 않는 음식도 있다. 예를 들어 샐러
드는 본능적인 욕구 차원에서는 분명 중하 수준이라고 생각한다.
이러한 차이를 인식하고 라면을 일주일에 한 번만 먹는 것은 좋은
습관이라고 본다. '이것은 본능적인 욕구로 인해 먹고 싶은 것'이라
고 되뇌면서 참는 것이다.

끌리지는 않지만 뇌 건강을 위해 먹어야 할 음식이 있다. 또한 본능을 억제하며 이러한 음식을 조절하다 보면 충동에 길들여진 성향을 바꿀 수도 있고 부정적 감정을 일으키는 호르몬도 억제해 더 건강한 삶을 살 수 있을 것이다.

당근과
채찍 전략

기술의 발달과 함께 많은 종류의 영양제와 영양식, 건강식이 생산되고 있다. 과학의 힘을 빌려 부족함 없이 영양분을 섭취하는 것은 분명 올바른 태도다. 그러나 앞에서 언급한 폭음과 폭식, 칼로리가 높은 식사처럼 '몸에 좋지 않은 것을 알면서도' 먹는 행위도 중요한 것은 아닐까 생각한다. 그건 '이성'으로 먹는 행위이기 때문이다.

이성적으로 밥을 먹는다면 모두가 다이어트에 성공할 것 같지만, 실제로는 그렇지 않다. 인간은 고차원적으로 생각하는 일에 능숙하지 않다. '이건 뇌가 원하는 음식물이니까 설탕을 조금 넣어서라도 섭취하자', '오늘은 밥 먹는 대신 핸드폰을 가지고 놀자' 등 고차원적으로 생각하면서 식욕을 다른 '보상'으로 대체하는 것이 가능한 일일까?

'다른 보상으로 대체한다'는 말은, 예를 들어 저녁 때 식사를 하는 대신 영화를 보러 가는 것을 의미한다. 여기서도 키워드는 보상이다.

보상이라는 말을 떠올리지 못하기 때문에 균형이 붕괴되는 것이다. 쉽게 말해 몸과 관련된 것은 '당근과 채찍'으로 움직인다는 사실을 알아야 한다.

29

콤플렉스와 평균치

무엇이 자신에게
'최고의 가치'인지 알자

콤플렉스는 마이너스적인 감정이다. 마이너스 쪽으로 마음을 끌고 간다. 하지만 이 콤플렉스를 정확히 알면 자신을 제어할 수 있다. 세상에는 콤플렉스 비즈니스가 수없이 많다. 대표적인 것이 화장품 산업이다. 그런 것에 휩쓸리지 않기 위해서는 자신의 콤플렉스가 무엇인지 알고 있어야 하고, 콤플렉스를 숨기지 말아야 한다.

콤플렉스에는 두 가지 종류가 있다. 하나는 '원하지만 이룰 수 없어서' 생긴 콤플렉스. 또 하나는 실제로 그런지는 차치하고 '타인이 보기에 열등하다'는 생각 때문에 느끼는 콤플렉스. 전자인 갈망에서 오는 콤플렉스는 사실 무의미하다. 인간은 할 수 있는 것만 하기 마련이라서 콤플렉스가 있건 없건 그냥 자신이 할 수 있는 것만 하면 된다. 갈망하고 선망해도 좋지만 그걸 콤플렉스로 생각할 필요는 없다.

자신의 최고치를
높여라

'타인이 보기에 내가 열등하다'고 생각하는 것은 다른 사람과 비교했을 때 자신이 평균치보다 낮다고 여기는 데서 온 콤플렉스다. 이러한 콤플렉스는 '무시하는' 방식으로 해결할 수 있다.

제1부에서 지적했듯이 앞으로 우리의 싸움은 블루오션을 찾는 방향으로 나아가야 하고, 그런 자세가 확립되어 있으면 콤플렉스를 느끼지 않을 것이다. 다시 말해 레드오션 환경으로 들어가서 싸우려고 해서 콤플렉스가 생기는 것이다.

20세기는 평균 사회였기 때문에 평균치가 높은 사람이 되는 것이 중요했다. 하지만 이제부터 평균적인 것은 모두 컴퓨터가 담당하게 되므로 평균치 대신 '최고치'가 높은 사람이 되어야 한다.

최고치가 높은 사람이 되면 자신에게 열등한 점이 있더라도 콤플렉스를 느낄 필요가 없다. 결과적으로 전보다는 모두가 콤플렉스를 덜 느끼는 사회가 될 것이다.

화장품을 콤플렉스 비즈니스라고 말했는데 사실 미인은 평균적인 얼굴을 가진 경우가 많다. 즉, 인간의 얼굴을 평균화하면 미인의 얼굴이 되는 것이다. 이는 곧, 아름다운 얼굴은 평균치에 불과한 것이므로 신경 쓸 필요가 없다는 것을 뜻한다.

30

패션과 평균치

지능이 아닌 신체에
고유의 가치가 있다면
외모에 신경을 써야 한다

앞에서 콤플렉스와 평균치 이야기를 했는데 가능하면 평균치에서 벗어나는 것이 좋다. 나다움을 드러내려면 그래야 한다. 제1부의 '인간성' 부분에서 설명했듯이 드러내야 하는 것은 세계 수준이 아닌 커뮤니티 속의 '나다움'이다.

세계적으로 나에게 어울리는 옷을 찾기는 어렵다. 오히려 별생각 없이 옷을 찾다 보면 자연스럽게 자신에게 맞는 걸 고를 수 있다. 자신에게 맞는 옷을 입은 사람은 주위에서 보기에도 개성이 느껴진다.

지금 우리는 타인과 비교해 비슷하면서도 차이를 드러낼 수 있는 고도의 기술을 사용해 옷을 고르고 있다. 하지만 그렇게 하면 콤

플렉스 이야기와 마찬가지로 평균에 빠지고 만다. 주위와 균형을
맞추려는 생각을 버리면 개성을 지니고 외모에 대해 평가받지 않
게 될 것이다.

좋아하는 것에서
'나다움'을 찾는다

유행에 신경 쓰지 말 것. 다른
사람이 나쁜 의미로 '독특하다'고 해도 신경 쓰지 말 것. 그저 자기
가 좋아하는 옷을 사면 되고, 다른 사람이 사 준 옷을 꼭 입지 않아
도 된다. 단순한 것 같지만 이를 계속 반복해 가는 게 중요하다.

'놀이' 이야기와 마찬가지로 좋아하는 것만 모으다 보면 그 안에
서 나다움을 발견하게 된다. 어떤 사람이 입은 옷만 보고도 그 사람
의 머릿속이 패션 잡지로 가득 차 있는지, 다른 개성으로 이뤄져 있
는지 한눈에 알 수 있다.

나는 디자이너 요지 야마모토를 좋아해 그의 옷을 즐겨 입는다.
유행 때문은 아니다. 그의 작품을 보면 '자신이 만들고 싶은 옷을
만드는 사람'이라는 느낌이 들어 기분이 좋아진다. 그는 유행에 신
경 쓴 적이 없는 사람이라는 느낌마저 준다. 일본인은 남의 시선을
너무 의식한다고들 하는데, 멋진지 아닌지는 남이 아닌 자신이 결
정할 일이다. 게다가 다민족 국가가 되면 그야말로 사람에 따라 어

울리는 옷이 달라진다.

옷을 고를 때 남의 눈이 신경 쓰일 수도 있지만, 사실 여러분의 옷은 여러분만 신경 쓰고 있을 뿐 다른 사람은 그것에 관심도 없다. 결국은 주어진 선택지 중에서 고를 수밖에 없으니 무리하게 나다움을 찾으려 하지 말고 자신이 좋아하는 것을 고르면 된다. 그러면 '이상한 사람'이라는 손가락질 대신 '그 사람답다'라고 생각될 것이다.

31

커뮤니티에서 친구 찾기

갈수록 사람과 기계를
구별하기 어려워지는 세상에서
가볍고 느슨한 관계가
과연 필요할까

전에는 친구를 사귀려고 노력하지 않으면 친구가 잘 생기지 않았다. 요즘에는 많은 사람이 SNS로 연결되어 있다 보니 거기서 친구를 고르는 일이 잦아졌다. '누군가가 소개해 줘서 → 만나서 이야기 좀 해 보고 → 친구가 되고 → 연락처를 교환'하는 방식은 줄고 있다. 요즘에는 연락처를 먼저 교환한 뒤에 친구가 된다. 그건 매우 중요한 일이다. 깊이는 없지만 다양한 친구가 엄청난 기세로 늘어나기 때문이다.

나는 친구가 되기 전에 연락처를 먼저 교환한 'SNS 친구'가 4,300명 정도 있는데 반면에 '진정한' 친구는 점점 줄어들고 있다. 예전에는 하나의 커뮤니티에만 소속되었고, 그 안에서 친구를 사귀어서 그런지 우정의 농도가 정말 진했다.

하지만 지금은 동아리, 대학, 회사 등 여러 커뮤니티에서 만난 친구들과 지속적으로 관계를 유지하기 때문에 지인의 지인을 통해 옛날 초등학생 시절의 친구들과도 연결이 되어 있다. 이렇게 모두가 친구 관계이기는 하지만, 친밀한 친구는 여간해서 생기지 않는다.

가볍고 느슨한
관계 맺기

우리는 계속해서, 또 의식적으로 친구를 찾아야 하는 시대에 살고 있다. SNS에서는 친해 보일지 모르지만 현실에서는 그렇지 않은 경우도 있고, 친구의 기준도 사람에 따라 각양각색이다. 같이 한잔할 수 있을 정도가 친구인지, 여행을 갈 정도가 친구인지, 돈을 빌려줄 수 있어야 친구인지 그 기준이 달라지면 친구의 등급도 크게 바뀌지 않을까.

나는 파티를 하니까 놀러 오라고 말을 걸 수 있는 친구는 엄청 많다. 하지만 놀러 가자고 이야기할 만한 친한 친구는 거의 없다. "둘이서 오붓하게 식사나 하자"고 부를 수 있는 친구는 10명도 채 안 될지 모른다. SNS 친구가 4,300명인데 둘이서 식사할 수 있는 친구는 고작 10명이라니. 어떤 친구를 늘리고, 어떤 친구를 줄여야 하는지 생각하며 연락을 하는 것이 중요한 이유다.

친구를 사귀는 데 목적이 필요하냐는 말을 곧잘 듣는다. 어느 정도는 맞다. 엘리트층 이야기를 하자면, 예를 들어 도쿄대 의대 출신들의 모임에서 의료 업계의 주요 사항이 결정되기도 한다. 어떤 업계에서는 친구들만으로 중요한 결정이 대부분 이뤄지기도 하는 것이다.

세상은 극히 일부의 사람들에 의해 좌지우지되는 경우가 많다. 또 투자의 세계, 정치인, 변호사 그리고 내가 몸담고 있는 교육계도 그런 측면이 있다. 내가 속한 커뮤니티의 친구는 업무와도 직결되므로, 소위 친구라는 개념과는 구분해야 할지도 모른다. 이는 인터넷 시대 특유의 현상이다.

32

자동 운전과 이동 비용

토지의 가치는
사람의 이동이 민주화됐을 때
크게 변한다

자동 운전이 본격화되면 집이나 토지의 입지는 큰 의미가 없어질 것이다. 유명 연예인은 지금도 수도권이 아닌 교외에 산다. 도심지에서 멀리 떨어진 곳에 사는 건 방송국 차가 데리러 가거나 차에 운전기사가 있어서 이동에 따른 불편함이 적기 때문이다.

이런 개념은 자동 운전이 본격화되면 더욱 일반화되고, 더욱 강고해질 것이다. 집에서 회사까지 출퇴근이 편리해지면 집과 토지가 들어설 '장소', 즉 입지는 의미를 잃게 된다. 교통비는 갈수록 싸지기 때문에 도심에서 멀리 떨어진 싸고 넓은 집에 살아도 출퇴근이나 이동에 큰 문제가 없는 것이다.

변화된
집 선택의 기준

지금은 과도기이므로 우선은 아주 먼 교외보다는 도심에서 그리 멀지 않은 외곽에 집을 사는 편이 좋다. 반면 '자율 주행 시대가 생각보다 빨리 올 것이기 때문에 그런 선택을 하면 후회할 것'이라는 주장도 있다. 결국 장래를 생각해 이사하기 편한 집으로 가는 게 좋다고 조언하는 것이 베스트다.

앞으로 '30년간 살 집'이라는 생각은 버리고, 좀 더 자유롭게 집을 선택해도 좋다. '출근도 쇼핑도 편하다'는 식의 입지 기준은 사라질 것이다. 전국 어디가 됐건 그런 기준을 충족할 것이기 때문이다.

자동 운전과
물리적 공간

자율 주행이 실현되면 통근 비용이 대폭 줄어들어 삶은 극적으로 변할 것이다. 전철 이동은 상당히 줄어들고, 버스나 전철의 '막차' 개념도 사라질 것이다.

나는 지금 도쿄의 아키하바라에 살지만, 조금 떨어진 교외의 넓은 콘크리트 집에 사는 것이 꿈이다. 내가 근무하는 쓰쿠바대학은 도쿄 동북부의 교외에 있는데 이는 이동 시간보다는 넓은 공간을 중시한 선택이다.

정보 공간의 사이즈는 자유롭게 바꿀 수 있지만, 물리 공간의 사이즈는 바꾸기 어렵다. 그러므로 이동 시간의 효율화, 이동의 자동화가 실현되면 앞으로는 광활한 실험 공간과 넓디넓은 공간을 선호하게 될 것이다.

33

넓은 의미의 투자

사용되지 않는 돈은
점점 가치를 잃는다

퇴직을 전제로 한 단어 '노후'는 앞으로 의미가 없어질 것이다. '워라밸Work-Life Balance'에서 '워라블Work-Life Blending'로 변해 가는 가운데, 회사를 떠났다고 일이나 노동이 끝나는 건 아니기 때문이다.

지금은 불확실한 미래 탓에 '적금이냐, 보험이냐'가 뜨거운 논쟁거리다. '노후'라는 말의 대전제는 '일하지 않는 것'이므로 은퇴 후에 노후 생활을 보내기 위해서는 적금이 소중하지만, 만약 죽을 때까지 일하게 된다면 노후라는 개념 자체가 사라질 것이다. 보험을 들었다면 만약의 사태에 대비할 수 있으므로 적금을 들지 않아도 괜찮을지 모른다.

보험은 예상하지 못한 위험에 대비하는 것이다. 직장을 잃으면 실업보험, 병이 들면 건강보험의 도움을 받는다. 따라서 그걸로 보장받을 수 있으니 적금은 필요 없다는 사람도 있다.

적금은 자녀 양육과 노후에 필요한 돈으로 대개는 자신이 아니라 가족을 위한 것인 셈이다. 자녀와 노인이라는 약자를 위해 돈을 모으는 것이지만, 일괄성이 사라진 사회에서는 보험으로 리스크를 줄일 수 있다.

자신에게
투자하라

돈을 쓸 때는 '투자' 개념이 있어야 한다. 여기서 말하는 투자는 주식 투자나 외환 거래 등이 아닌 '넓은 의미'의 투자를 뜻한다. 예를 들어 누구에게 식사를 대접하는 것도 넓은 의미의 투자다. 또한 자신을 위해 과감히 돈을 쓰는 것도 투자에 속한다.

적금이라는 형태로 모아만 두면 돈은 늘지도 줄지도 않지만, 자기의 능력 개발과 다른 사람을 위해 사용하면 돈은 사실상 늘어나는 것과 같다.

아무 생각 없이 그저 저축만 하고 살면 시간과 돈 모두 정체되고 아무것도 생산되지 않는다. 그런 행태는 버려야 한다. 특히 변해 버린 세상에서는 도움이 되지 않는 행위다.

예전에는 투자를 외면한 채 돈이 들어오면 그저 모아 뒀고, 모아 둔 돈으로 집을 사고 융자금을 갚았다. 하지만 지금은 평생 직업을 몇 번 바꿀지, 몇 번이나 이사하게 될지 모른다. 평생 한 직장만 다닐 가능성이 몹시 적어졌다. 자신에게 투자하면서 직업을 바꿔가는 것도 포스트 코로나 시대의 생존을 위한 키워드가 될 것이다.

34

취미로서의 육아

'아기'란
인간이 만들 수 있는
최고의 심층 학습 환경이다

젊은 사람이 줄어드는 현실은 피할 수가 없다. 더구나 젊은 사람들이 모두 아이를 낳고 키우리라는 보장도 없다. 어떤 의미에서 육아는 비용이 가장 많이 드는 취미라고 할 수 있다. 이에 따라 어린이가 많이 있는 것도 정상, 없는 것도 정상으로 여겨지는 세상이 될 것이다.

포스트 코로나 시대의 육아는 어떤 형태가 될까. '의무로서의 육아'보다는 '취미로서의 육아'가 되지 않을까. 취미로 육아를 한다면 매우 즐거울 것 같다. 괴로운 일도 많겠지만, 기꺼이 시간을 투자할 만한 가치도 있을 것이다.

그것은 이 책에서 줄곧 이야기하고 있는 보상 이야기로 연결된다. 육아의 즐거움 덕분에 긍정적인 긴장감이 올라가고 업무도 즐거워진다면 이는 가장 좋은 보상이다.

아이의 장점에
집중하라

'취미로서의 육아'라고는 했지만, 이것이 교육에 너무 열정을 쏟는 '치맛바람'은 아니었으면 한다. 나는 어렸을 때 자발적으로 체조, 음악교실 등 학원을 다녔는데 배우고 싶어서 다닌 것 외에는 오래 다니지 않았다. 해 보지 않으면 그게 어떤 건지 모르기 때문에 아이가 조금이라도 관심을 보이면 다 시켜 보기를 권한다. 싫어할 때 그만두게 하면 된다. 하기 싫은 일은 억지로 시켜도 소용없다.

중요한 건 평균치가 아니라 최고치다. 장점을 발견하는 쪽에 시간을 써야 한다.

부모는 아이가 무엇을 좋아하는지 아이의 '보상체계'를 파악하고 있어야 한다. TV 게임을 좋아한다면 TV 게임의 요소를 분석해 다른 것으로 치환할 수 있다. 학원 수업은 아이의 소양을 정확히 파악하고 칭찬하면서 보상을 주는 정도 즉, 정상 수준까지 가도록 이끌어 주는 정도의 역할을 담당한다. 그 외 나머지는 아이가 스스로 하게 된다.

아이가 제대로 할 수 있을 때까지
이끌어 준다

부모가 할 일은 '아이가 제대로 할 수 있을 때까지 이끌어 주는 것'이 아닐까. 스스로 할 수 있는 수준까지 끌어 주면 나머지는 자기 스스로 시행착오를 겪으며 하게 마련이다.

아이 스스로 흥미의 대상을 인터넷 저편에서 발견하는 일이 많아질 테니 아이가 조사하거나 연구할 수 있도록 최소한의 방법만 가르쳐 주면 된다. 무엇을 했을 때 즐거워하는지를 파악하고 즐거워하는 걸 건네주면 되는 것이다.

공부를 좋아하는 아이도 있지만, 대부분은 공부 자체가 좋은 게 아니라 공부한 시간이 늘어난 것을 좋아하는 것일 수도 있고, 공부한 결과 뭔가를 깨달은 순간이 기분 좋은 것일 수도 있고, 좋은 점수를 받아 좋은 것일 수도 있다. 그건 앞서 '보상'에 대해 이야기하면서 언급한 '갬블', '컬렉션', '쾌락'의 3가지 기준으로 설명할 수 있다.

포스트 코로나 시대, 유비쿼터스 사회에서 디지털 네이처로

인간은
다시 정의되어야 한다

지금은 테크놀로지 시대다. 미국의 로봇 제조사 보스톤 다이나믹스Boston Dynamics가 개발한 4족 보행 로봇 스팟Spot이 코로나19 의료 현장에서부터 노동 집약적인 건설업계까지 곳곳을 누비고 있다. 구글Google의 자회사 딥마인드DeepMind는 딥러닝을 이용한 지능 확장 구조를 매일같이 개선하고 있다. 두 명의 과학자에게 노벨화학상을 안겨 준 유전자 편집 기술 '크리스퍼 유전자 가위CRISPR-Cas9'를 이용한 생명과학 분야의 연구가 활발하고, 가상현실VR 키트가 시장에 넘쳐나기 시작했다.

코로나19 이후에 다가올 세계의 모습은 무궁무진하다. 컴퓨터 본체가 사람처럼 움직이고, 사람과 지적 게임을 즐기며, 유전자라는 프로그램 언어의 번역이 유행하고, 개인의 오감이 충족돼 간다.

나는 『마법의 세기魔法の世紀』의 마지막 장에 인간중심주의에서 벗어난 세계인 '컴퓨터 자연: 디지털 네이처'에 대해 적었는데, 이 세계는 말 그대로 테크놀로지의 이데아를 기축으로 인간을 다시 정의하려 한다.

21세기를 20여 년 앞둔 1974년 미디어 아트의 아버지 백남준은 인터넷이 '전자초고속도로Electronic Super Highway'로 발전하고, 그것이 인간에게 거대한 도약대가 될 것이라고 예측했다. 인터넷이 통신의 개념을 넘어설 것이라는 예측은 충격이었다. 인터넷을 고속도로Highway라는 수송 수단으로 표현한 것에서 1970년대의 시대성을 느낄 수 있다.

우리는 1989년 팀 버너즈 리Tim Berners-Lee가 시작한 웹 문화를 도약대로 삼아 인터넷 경제를 발전시켰고, 1991년 마크 와이저Mark Weiser가 말한 유비쿼터스 컴퓨팅 시대, 사물인터넷 시대를 넘어 다음 세계에 발을 내디디려 하고 있다. 그것은 인간의 도약대가 아니라 인간중심주의에서 다음 단계의 패러다임으로의 도약대라고 생각할 수 있다. 물질과 사람 혹은 환경과 인간 등 '인간 대 기계'라는 가치관이 붕괴되려 하고 있다. 물질Material, 실질Virtual, 인간Human, 기계Bot의 구별이 희박해지고 있다.

기술의 변화는 우리에게 아마도 다음의 네 가지의 사실을 요구할 것이다.

1. 신체는 단백질 코드에 의해 기술(記述)된 유기적 기계다.

2. 마음은 마침내 인공지능에 의해 실증되고 해체되어 기술될 함수다.

3. 오감을 재구성함으로써 개인이나 커뮤니티에 따라 각기 다른 현실을

디지털 네이처
Digital Nature

음악을 예로 들면

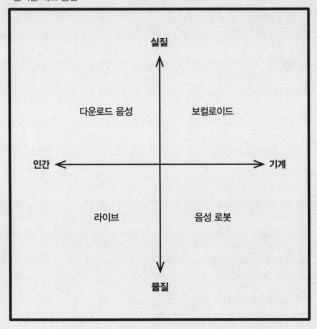

컴퓨터의 해상도와 연산처리 능력이 향상되면
물질, 실질, 인간, 기계의 경계선이 사라진다.

디지털 네이처

정의할 수 있다.

4. 컴퓨터 발달로 인해 더 이상 인간은 세상을 관찰하고 해석할 수 있는 유일한 지성이 아니게 되었다.

1981년 미국 사회비평가 모리스 버먼^{Morris Berman}은 저서『세계의 재주술화^{The Reenchantment of the World}』에서 이렇게 언급했다.

막스 베버가 지적했듯이 기술에 의해 세계가 탈마술화됐다. 그 기술은 전문화를 반복하며 탈마술화되는 과정을 보여 주었다. 이에 따라 데카르트의 인간중심 지성주의에서 베이트슨^{Bateson}적 탈인간 중심, 사람(마음, 몸)-물질-자연의 관계형 세계관으로 이행했다.

내가『마법의 세기』에서 언급한 마법이 바로 버먼이 말한 그 마술이다. '컴퓨터에 의한 프로그래밍'이 또 다른 마술화를 초래했고, 그 결과 컴퓨터가 정의하는 초자연이 있을 수 있다는 논리다. 왜 지금 그런 논의가 필요한지 데카르트 시대를 되돌아보자.

신이 죽은 뒤에
남겨진 '인간성'

데카르트가 1637년『방법서설』에서 말하려 했던 것은 기독교의 철학 패러다임이 17세기 초 코페르니쿠스에 의해 무너진 뒤 인간의 지성을 중심으로 철학을 재구성하는 '인권 선언' 같은 것이었다고 생각한다. 그 이후 토마스 홉스^{Thomas Hobbes}가 『리바이어던』을 저술하고 존 로크^{John Locke}가 사회계약설을 통한 자유를 역설한 것도 스콜라 철학 이후의 인간중심적 사고인 신탁(神託) 그리고 활판 인쇄 이후의 이미지 공유형 사회 발상에 기인한 것이다. 인간의 이미지를 사상으로 만들어 공유하면서 완성된 사회다.

미디어 장치는 인간의 커뮤니케이션에 큰 영향을 미친다. 활판 인쇄 같은 미디어의 탄생, 누군가의 생각을 전달하고 공유하면서 사람들의 머리에 공동 환상을 부여함으로써 사회를 유지하려던 시대, 그런 이미지 공유사회가 500년 정도 이어졌다. 그리고 마지막 150년간 토머스 에디슨^{Thomas Edison}의 키네토스코프에서 시작되는 영상 문화를 통해 매스미디어가 강화됐고, 20세기를 영상의 세기로 만들었다. 그 후 20세기 들어 발발한 세계대전의 결과물로 탄생한 컴퓨터가 21세기를 인터넷 시대로 바꾸면서 이제는 이미지 공유사회에서 벗어나려 하고 있다.

이는 데카르트 이후 최대의 구조 이탈이라고 생각한다. 우리는 기독교의 후원을 잃은 과거의 철학처럼, 인간성을 잃은 뒤에 나타난 다음 세대의 과학과 철학을 새로이 구축하는 시기를 맞이하고 있다.

인간은 이미지와 기억의 공유를 통해 얻어진 공동 환상을 버리고 어디로 향하려는 것일까. 미디어론이나 예술론 자체도 변하지 않을까. 영상 시대의 미디어론은 인간을 중심으로 구축된 것이었다. 마셜 맥루한Herbert Marshall McLuhan의 미디어론은 신체성의 확장에 뿌리를 둔 것이었고, 제임스 J. 깁슨James J. Gibson의 어포던스affordance(행동유도성)도 신체나 시점 없이는 거론할 수 없는 것이었다.

하지만 우리는 지금 신체를 초신체화, 탈신체화, 합신체화하고 있다. '1인칭적 시점과 대치하는 자연'과 같이 지성을 주관하는 유일한 존재로 인간을 내세우던 관점에서 벗어났다. 이는 기술의 변화가 우리에게 강요하는 사실 중 하나고, 인터넷이 우리에게 촉구하는 테크늄(케빈 켈리Kevin Kelly가 저서에서 제창한 테크놀로지 생태계를 지칭하는 조어)적 변화, 디지털 네이처화하는 컴퓨터의 압력이기도 하다.

가난한 자의
가상현실

인간중심주의에서 벗어나는 것을 데카르트 이후 최대의 격변이라고 했다. 그렇다면 데카르트 이전의 세상에서 우리는 어떤 생각을 가지고 살았는지 알아보기 위해 종교에 대해 살펴보자. 종교사회 연구에 관해서는 막스 베버의 공헌이 크고 관련 저작도 많다.

원시종교의 정의에는 여러 학설이 있는데 '의식, 의례'를 공동 환상의 생성기로 본다. 동굴이나 수렵 생활을 하는 작은 사회에서 삶과 죽음이 이어지는 가운데 원시종교가 탄생했다. 그 후 농경이 발전하면서 사람들 간의 광범위한 협동심이 길러지고 달력이 제정되기도 했다. 이로 인해 대규모 군락 지역에 통치 기구와 규범이 필요해졌고 점술과 샤머니즘이 발전한다.

사회규범과 종교 교의의 치밀함 사이에는 밀접한 관계가 있다. 기독교나 불교가 하나의 플랫폼으로 기능한 이유는 카를 마르크스가 정의한 대로 '상부 구조(종교, 사회규범, 체제 등의 정신문명)는 하부 구조인 노동 양식의 변화로 성립한 것'이기 때문이다. 즉, 상부 구조와 하부 구조의 관계만이 아니라 하부 구조가 요구하는 형태의 종교, 다시 말해 사람의 정신을 보완하는 장치로서의 의미가 큰 게 아닐까. 그것은 '가난한 자의 가상현실'이었을 거라고 생각한다.

감자를 '가난한 자의 빵'이라고 부른다는 말을 들은 적이 있다. 세상을 자유롭게 즐기지 못하는 사람들의 현실은 유사 이래 계속 존재했다. 여기서 말하는 '가난한 자의 가상현실'은 주체적으로 의사결정을 하지 못하는 구조적 약자(예를 들어, 위정자와 대응되는 농민)가 희망을 갖고 살아가게 만들기 위한 '정신적 버팀목'을 가리킨다. 구체적으로, 염불(念佛)을 통해 극락정토에 갈 수 있다는 것과 교회에서 성서를 함께 읽고 신의 나라를 상상하는 것이 매일 지속되는 쓰라린 생활을 견뎌내기 위한 소프트웨어로서 사람들에게 정착돼온 장치가 아닐까.

염불 등 가난한 자의 가상현실은 요즘의 가상현실을 빼닮았다. 리얼리티를 살리기 위해 실체 확인이 불가능한 사후 세계를 제시하고, 그것을 상상 속에서 실체에 접근시켜 가는 가상현실을 만들어 냈다. 권선징악 심판이 마침내 찾아온다는 색안경을 통해 세상을 보게 하는 데 성공하면 위정자는 편리한 규범을 만들어 낼 수 있다.

영화의 사회에서는 매스커뮤니케이션의 콘텐츠인 드라마나 영화 같은 판타지도 가상현실로 작동하고 있다. 즉, 자신을 현실에 투사할 수 있는 세계다. 그런 의미에서 디즈니랜드도 결혼식도 모두 가상현실이라고 할 수 있지 않을까. 이미지를 공유하고 만들어 내기 위한 장치가 이미지 안에 마련됐을 때 그게 가상현실인 것이다. 그 활동이 만약 뭔가의 플랫폼과 수익 구조를 만들어 낸다면 그것이 바로 '가난한 자의 가상현실'이 되는 것이다.

영상 장치와
신체

1891년 에디슨이 발명한 키네토스코프가 엿보는 식의 영상 장치였다면 1894년 뤼미에르 형제Les frères Lumière가 발명한 것은 벽에 투영하는 형태의 영상 장치였다. 투영 타입의 영상 장치는 비용 면에서 키네토스코프를 압도했고 곧바로 주류가 된다. 이때의 투영 장치는 빛의 강도가 강하지 못해

극장 내부를 어둡게 만들어야 했고, 사람들은 어두운 공간에서 이미지에 주시했다. 이렇게 눈과 스크린 사이에 가시광 통신을 하게 되면서 큰 화면과 하나의 콘텐츠를 공유하는 문화가 탄생한다.

1965년 아이반 서덜랜드Ivan Sutherland의 HMDHead Mounted Display 발명과 1985년 자론 래니어Jaron Lanier의 제1차 VR 붐을 거쳐 2010년 드디어 시야각이 넓고 저렴해진 가상현실을 손에 넣게 된다. 1960년대 이후의 다양한 시도가 결실을 맺은 시기였다고 할 수 있다. 현재의 IT 스포츠의 맹아도 1966년 시작됐고, 사이버네틱 세렌디피티Cybernetic Serendipity라는 세계 최초의 컴퓨터 아트 전시회도 1968년 개최됐다. 즉, 1960년대의 멀티미디어는 신체성과 데이터의 관계를 새롭게 묻는 것이었다. 그 초보적인 형태의 실현으로서 2차원 스크린을 활용한 기술이 PC 보급과 더불어 세상에 퍼져 나갔다.

지금은 스마트폰이 널리 보급돼 HMD의 비용도 낮아졌다. 오큘러스Oculus(광각 시각, 머리의 움직임에 표시가 따라가는 헤드 트래킹 등의 특징을 가진 VR에 특화된 HMD)가 갖는 단안 렌즈에서 볼 수 있듯이 장치라고는 심플한 렌즈뿐이고, 나머지는 소프트웨어적 화상 변환을 통해 VR을 만들어 낼 수 있게 되었다.

콜럼버스의 달걀과도 같은 이런 발명은 하코스코(스마트폰을 세팅하면 손쉽게 VR을 즐길 수 있는 조립식 VR 스코프)나 구글 카드보드에서 볼 수 있듯이 누구라도 값싼 단안 렌즈로 VR 장치를 이용할 수 있게 됐다. 이 장치는 지금까지 존재했던 '가난한 자의 가상현실'을 충분히 대체할 수 있다. 모두가 저비용으로 별천지를 경험할 수 있게 됐기 때문이다.

여기서 공동 환상을 상실한 우리는 공동 환상 속에 살 수 있는 인구 10만 명 정도의 세상을 7만 개 만들면 70억 명의 지구인을 분할할 수 있지 않느냐는 가설을 그려 볼 수 있다. 우리는 현실에 속하는 시간과 각각의 현실에 귀속하는 시간을 나누어 쓰며 잘 살아갈 수 있지 않을까.

이런 점에서 유토피아 사상을 주목할 만하다. 토마스 모어[Thomas More]의 『유토피아』는 데카르트 이전인 1516년에 쓰였고, 그 세계에는 종교관이 존재하지 않는다. 완결된 세계가 있을 뿐이다. 유토피아는 진보가 멈춘 세상으로 그려지는 경우가 많은데, 미디어의 발전 없는 사회도 진보 없는 사회와 동의어라고 할 수 있다. 따라서 그 각각의 커뮤니티가 '유토피아'처럼 굴러가지 않을까 생각한다.

낙관적 싱귤래리티:
마법의 세기로

마법이란 패러다임은 다양한 오해를 낳으면서 이어져 왔다. 마법이란 말은 과학, 주술에 대비되는 차원의 용어가 아니다. 눈부시고 즐거워 보인다는 이미지가 있지만, 나는 요즘 그 단어가 주는 느낌이 마음에 든다.

블랙박스화한 과학기술 사회는 언뜻 보면 사람이 컴퓨터의 노예가 된 사회로 보이기도 한다. 하지만 그런 현실을 마법으로 파악하느냐, 노예로 보느냐에 따라 우리의 자세에 상당한 차이를 가져온다.

마법의 세기로 볼 것인가, 노예의 세기로 볼 것인가. 지금 우리에게 요구되는 것은 싱귤래리티에 대한 공포심이 아니라 사람과 기계가 조화된, 인간중심주의를 초월한 디지털 네이처 속에서 새로운 과학철학을 모색하는 것이다.

앞으로 무엇이 더 편리해졌는지는 따져보는 것만으로는 컴퓨터의 진보를 평가할 수 없게 됐다. 도구였던 컴퓨터가 환경 자체가 됐고, 사람과 구조적으로 파트너가 되는 환경으로 옮겨 갔기 때문이다. 컴퓨터의 진화는 독특한 문화를 초래했다. 컴퓨터가 기술일 뿐이라는 사실이 의식되지 않을 정도로 컴퓨터는 인간 세상에 깊숙이 침투했고, 변해 버린 문화는 눈 깜빡할 사이에 예술처럼 작동하기 때문이다.

우리는 이제 국경을 넘어 침투하는 과학에 충격을 받기보다는 익숙해지고 있다. 컴퓨터 시스템에 지배당한다는 오해를 풀고 기계와 인간이 바둑을 두는 모습을 관전하는 일도 가능해졌다. 기계의 활약에서 인간다움을 느끼고 인간성을 '역정의'하는 현상도 놀라운 일이 아니다. 매일같이 목격하는 기술의 진보는 바로 인터넷의 신진대사의 산물이다.

공동 환상에서 벗어난 지금, 과거 일부 지배자의 비전을 따르던 데서 벗어나 각자가 새로운 비전을 가져야 한다. 지금 우리에게 필요한 것은 믿을 만한 패러다임과 프레임이다. 우리는 각자의 행복론과 비전을 추구하는 삶을 살아야 한다.

이것은 불행인가? 아니다. 행복이 '구조'라는 틀을 벗어났을 뿐이다. 우리는 노예의 세기에 머무르며 니힐리즘에 젖어 있을 것이 아니라, 마법의 세기에서 가슴 뛰는 세계를 봐야 한다. 그런 프레임을 제시할 수 있었으면 한다.

테크노포비아에
어떻게 대처할 것인가

마법의 세기로 가는 길에서 빈발하고 있는 '테크놀로지 논쟁' 속에 살다 보니 테크노포비아를 부추기는 매스미디어에 의문을 품게 됐다. 매스미디어는 '기술에 적응한 인류가 마침내 타락했다'며 상상 속의 테크노포비아를 쌓아가고 있다.

실제로는 어떨까. 조금만 고개를 돌리면 기술 혁명을 통해 나타난 커뮤니케이션과 커뮤니티를 비판하면서도 IT 기기에 둘러싸인 채 페이스북과 트위터를 통해 정보에 액세스하며 기술의 은총을 누리는 모습을 목격할 수 있다. 그런 근거 없는 테크놀로지 비관론은 삶을 악화시킬 뿐이다.

2016년 개인적으로 인상 깊었던 일 중 하나가 케빈 켈리(전 〈와이어드WIRED〉 창간 편집장)와의 대담이었다. 켈리의 책『인에비터블 미래의 정체』의 일본어판 발간에 맞춘 이벤트에 패널로 선정돼 많은 대화를 나눌 수 있었다. 내가 그에게 했던 질문 중 하나는 "테크노포비아에 어떻게 대처해야 하나"였다.

켈리는 저서에서 유토피아 및 디스토피아(암흑세계)와는 다른 미래를 가정하고 '프로토피아Protopia(프로그레스progress(진보)+유토피아utopia의 합성어)'라는 이름을 붙였다. 프로토피아는 기술 혁신이 거듭되면서 서서히 좋아지는 세계관이며 획일적이지 않은 '제대로 된 디스토피아'의 모습이기도 하다. 말하자면 일종의 '낙관적인' 테크놀로지 사고다. 더불어 기술 발전을 둘러싼 부정적인 현상은 피할 수 없다는 걸 인정하면서도 다른 한편으로 그런 부정적인 현상 자체를 언급하는 스타일의 저서였다.

그의 이야기를 듣고 테크노포비아, 즉 기술공포증에 대처하는 것이 앞으로 가장 중요한 문제라는 생각이 들었다. 디스토피아나 프로토피아보다 더 큰 장벽은 기술을 두려워하는 테크노포비아라고 생각됐다. 폐쇄된 시스템보다는 시스템의 변화를 증오하는 테크놀로지 혐오가 더 두렵다. 여기에 민주화를 막는 권력은 더욱 심각하고 왜곡된 격차를 낳는다.

질문과 답변이 오가는 가운데 테크노포비아는 대화하며 대처할 수밖에 없지만, 테크노포비아도 시대와 테크놀로지의 적용 속에서 잊히고 도태될 수도 있다는 이야기를 나눈 기억이 난다. 시대는 되돌릴 수 없으니 우리는 정신을 바싹 차리고 기술에 적응해야 한다. 아니면 적어도 비관적인 디스토피아보다 테크놀로지의 유동성이 가져다주는 프로토피아를 향해 나아가야 할 것이다.

테크놀로지는
계속 진화한다

우리는 핵 없는 세상으로 나아가는 것이 아니다. 핵이 있는 세상에 적용한 결과, 과거의 인류보다 핵을 더욱 잘 이해하고 학습해 클린 에너지 세상을 향해 가고 있다. 사람들은 테크놀로지에 대해 논의할 때 곧잘 원자력을 예로 든다.

원자력은 실패였나? 클린 에너지는 핵 없는 세상을 가져올 것인가?

인류의 전력 소비량은 줄지 않았고 우리는 핵 사용 이전보다 '인류에게 편리한' 에너지 자원을 사용하는 방향으로 효율적으로 이행했을 뿐이다. 장기적으로는 적용의 문제만이 남는다.

발달한 기술을 지워 버리고 망각하게 만드는 오컴의 면도날Occam's razor(어떤 사안을 설명하기 위해서는 필요 이상으로 많은 것을 가정해서는 안된다는 지침) 같은 것은 존재하지 않는다. 기술이 밟아 온 우여곡절은 생략이 가능해도 그 역사를 지우는 건 불가능하다. 태어난 기술은 발전할 뿐 후퇴하지 않는다.

마법의 세기에 태어난
'탈 진실'

마술화는 인간이 운영하는 사회 시스템에도 큰 영향을 미친다. SNS에 관한 조사에 따르면 인간은 진실보다 유언비어를 기꺼이 공유하려는 경향(2016년 미국 대통령 선거 당시 온라인 매체 〈버즈피드BuzzFeed〉의 조사 결과)이 있고, SNS 커뮤니티에서 사람들이 '좋아요'를 눌러 주는 세계를 좋아하며 살고 있다.

사람들은 이러한 '가난한 자의 가상현실'을 실제 현실이라고 생각하며 살고 있지만, 사실 이는 다소 왜곡된 것이다. SNS는 사회 및 커뮤니티에 의해 탄생하는 가상현실이다. 그런 구조는 제거하기 어렵고 사람들을 무감각하게 만들기도 한다.

그러한 '가난한 자의 가상현실'이 사회에 큰 영향을 미쳤다. '브렉시트Brexit'와 '트럼프 열풍' 등 지식인들이 여론만 봐서는 쉽게 예측할 수 없는 현상들이 나타났다. 옥스퍼드대학 출판부는 2016년을 대표하는 단어로 '탈 진실Post-Truth'를 선택했다. 탈 진실이란 정치적 선택을 할 때 객관적인 사실은 중시되지 않는다는 뜻이다. 나는 여기서 21세기의 인간성을 엿본 듯한 느낌이 들었다. 마법의 세기다.

허구와 현실이 뒤섞인 혼돈의 시대, 인간은 SNS를 통해 가난한 자의 가상현실, 즉 '존재하길 바라는 그럴듯한 현실'에 살고 있다. 로마 교황이 도널드 트럼프 지지를 표명하거나(Snopes.com), 비욘세가 모금을 통해 살려낸 소녀가 꿈을 좇아 아름답게 성장해 마침내 힐러리 클린턴이 된다(SIZZLE)는 이야기를 들었을 때 후자는 거짓임을 쉽게 알 수 있지만, 전자는 문맥만 봤을 때는 진위를 판단하기가 애매하다.

이러한 탈 진실에 대해 지식인들도 보고 싶은 것만 걸러서 보고 진위를 따지지 않는다. 그러다 막상 힐러리가 선거에서 패배하자 "진실과 정의가 패배해 한탄스럽다. 세상이 이래서는 안 된다"고 주장했다. 그런 주장 역시 진실과 허구 사이에 끼인 의견과 감정에 불과하다.

복수의 커뮤니티와 가치관이 존재하는 가운데, 통일된 감정과 규칙과 게임을 만드는 게 의미가 있을까?

진실은 정의란 말인가? 허구는 악이란 말인가?

연구자로서 나는 진실 추구에 관심을 갖고, 과학적 탐구라는 게임 속에서 아이디어를 내고, 실험하고, 결과를 주시하고, 논문을 쓰고 발표하고, 다시 연구하기를 좋아한다.

하지만 타인의 입장에서 보면 그것이 진실이건 말건 아무런 의미도 없을 수도, 아예 상황을 이해하지 못할 수도 있을 것이다. 그에 대해 나는 "그건 이래야만 한다"고 강요하지 않는다. 그들이 어떻게 생각한들 상관없다. 나는 내가 할 게임을 선택하고 규칙을 두고 플레이하고 있으며, 다른 사람들에게는 다른 규칙과 게임이 있을 뿐이다.

예를 들면 과학 커뮤니티처럼 하나의 규칙이 있는 커뮤니티 속에서는 이러한 실천이 쉽다. 하지만 스포츠라면 어떨까? 축구와 야구가 시합하지 못하듯, 규칙이 다른 게임들끼리 대결할 때는 규칙을 왈가왈부하며 '당위론'을 내세우기보다 게임에서 얻을 수 있는 경제 효과나 감정적 기쁨 등 상승효과를 추구하는 편이 낫지 않을까.

커뮤니티의 내부 규칙을 간섭하는 것은 쓸데없는 짓이고, 하나의 유행이나 가치관을 요구하는 것도 불가능한 일이다. 지금 이 세계에서 다수결은 커뮤니티와 조금씩 다른 상황을 현실로 만들어주는 수단이다. 민주화와 민주주의의 갭이 거기서 생겨나고 있음을 우리는 서서히 눈치채고 있다.

지금 일어나고 있는 변화와, 진실이 아닌 의견이 넘치는 현상을 한마디로 표현한다면 '인류의 적응'이라고 할 수 있을 것이다. 이런 변화를 순수하게 받아들일 수 있느냐가 탈 진실에 대한 검증 지표가 된다. 이 검증은 세계 곳곳에서 이루어지고 있다. 받아들이지 못하는 사람들은 테크놀로지 발달 과정에서 생겨나는 이물질을 '그

것 때문에 커뮤니케이션 문제가 발생한다'고 탓한다.

그러나 우리는 더 이상 이 변화를 거부할 수 없고, 적응해 살아갈 수밖에 없다. 이래야 마땅한 세상은 더 이상 존재하지 않으며 모두가 목격했던 정의도 존재하지 않는다. 진실과 허구의 세력은 동등해졌다. 아니, 어쩌면 허구가 더 강해졌을지도 모른다.

디지털 네이티브 이전의 세대가 앞으로도 과거를 이상향으로 생각하는 한 이러한 거부 반응은 계속될 것이다. 최근 나타난 다양한 정치적 변화에 대한 놀라움은 기술을 두려워하는 테크노포비아와 같은 반응이다. 변하기 전의 우리의 습관이나 규범이나 사고방식으로 미래의 인류를 그린다면 테크놀로지와 마찰을 일으킬 뿐이다.

유년기의
끝

우리는 이런 시대를 환영하지도 비관하지도 않고, 그저 '적응'할 뿐이다. 다만 제대로 적응하려면 컴퓨터 시대의 인간성을 생각해 봐야 한다. 아서 C. 클라크^{Arthur C. Clarke}의 『유년기의 끝』을 보면 종교 해체 후에도 불교만은 남았는데 컴퓨터 시대 이후의 인간성도 불교의 철학 체계에 더욱 근접한 모습을 보이리라 생각한다. 컴퓨터 시대 이후에는 '개인다움'이나 '동일성' 문제가 진보된 컴퓨터에 의해 치환될 것이다. 따라서 불교에서 말하는 '공(空)'의 개념에 자신을 구축할 것인지, 아니면 그러한 자신의 구축 자체도 마술화한 채로 그저 살아갈 것인지 이 두 가지 선택지만 남을 것이다.

우리는 근대 이후 키워 온 고전적 인간성과 컴퓨터 시대 이후의 인간성, 사회와 정의와 시장과 감정 사이에서 새로운 가치관과 행복을 수립해야 한다. 산업혁명 이후 기계와의 대결을 통해 성장해 온 우리의 인간성은 지금 파국을 맞고 있다. '기계가 아님'을 기준으로 규정된 인간의 정의는 인간과 흡사한 기계가 나타났을 때 붕괴될 수밖에 없기 때문이다.

많은 경우 인간성을 '감정'에서 찾으려고도 하는데 인간이 갖고 있는 감정의 메커니즘 역시 명확히 규명되고 기계가 감정을 판별할 수 있게 됨에 따라 성역의 위상을 잃게 될 것이다. 우리는 지금 기계와 인간의 대결을 넘어, 다음 차원의 세상으로 넘어가려 하고 있다.

앞으로 '고전적 인간다움'과 '디지털 휴먼다움'의 대결이 벌어질 것이다. 컴퓨터 네트워크를 잘 다루는 디지털 휴먼 집단과 시대의 변화에 적응하지 못했거나 신념 때문에 고전적 인간성을 유지하려는 고전적 인간 집단 사이에 대립이 발생한다. 기계와의 대결을 통해 성장한 인간성이 기계와 인간의 융합에 의해 자멸한 뒤 신체의 울타리를 넘어설 것이다.

『유년기의 끝』에서는 진화한 인류와 구 인류의 커뮤니케이션이

단절된다. 그러나 나는 이 둘 사이를 '지능화한 인터넷(기계)'과 '인터넷에 의해 태어난 새로운 지능(인간)'이 중재하는 것은 아닐까 하고 기대한다.

최근 수년 사이 디지털 휴먼과 디지털 네이처로 가는 계기가 많이 발견되고 있다. 우리가 말하는 언어, 손짓, 몸짓, 표정 등 커뮤니케이션에서의 신체성은 디지털 공간에도 많이 존재한다. 이는 영상을 이용한 대화 시스템보다 더욱 자연스러운, 즉 신체성에 가까운 것이다.

또 사용자들이 컴퓨터와 쉽게 상호 작용할 수 있도록 도와주는 데스크톱 메타포^{Desktop Metaphor}나 PDA 메타포는 앞으로 증강현실^{AR} 기술, VR 기술 등 환경형 컴퓨팅 메타포로 대체될 것이다. 우리가 직접 만지고 확인할 수 있는지와 상관없이 컴퓨터의 대상이 되는 것이다. 물질인지 가상인지 신경 쓰지 않게 되는 시대가 오고 있다.

모든 인류가
탑을 쌓아 간다

앞으로 발생할 변화를 생각할 때 고전적 인간성과 디지털 인간성의 충돌은 창세기 '바벨탑'의 이야기처럼 전개될 듯하다.

'온 땅의 언어가 하나요, 말이 하나였더라. 이에 그들이 동방으로 옮기다가 시날Shinar 평지를 만나 거기 거류하며 서로 말하되 자, 벽돌을 만들어 견고히 굽자 하고 이에 벽돌로 돌을 대신하며 역청으로 진흙을 대신하고 또 말하되 자, 성읍과 탑을 건설하여 그 탑 꼭대기를 하늘에 닿게 하여 우리 이름을 내고 온 지면에 흩어짐을 면하자 하였더니 여호와께서 사람들이 건설하는 그 성읍과 탑을 보려고 내려오셨더라. 여호와께서 이르시되 이 무리가 한 족속이요 언어도 하나이므로 이같이 시작하였으니 이후로는 그하고자 하는 일을 막을 수 없으리로다. 자, 우리가 내려가서 거기서 그들의 언어를 혼잡하게 하여 그들이 서로 알아듣지 못하게 하자 하시고 여호와께서 거기서 그들을 온 지면에 흩으셨으므로 그들이 그 도시를 건설하기를 그쳤더라. 그러므로 그 이름을 바벨이라 하니 이는 여호와께서 거기서 온 땅의 언어를 혼잡하게 하셨음이니라 여호와께서 거기서 그들을 온 지면에 흩으셨더라.'

_창세기 11장 1~9절

지금 컴퓨터를 잘 아는 디지털 휴먼이나 밀레니얼 세대는 공통의 플랫폼에서 같은 도구를 사용한다. 그들은 번역기 덕분에 다른 언어를 사용해도 의사소통이 되고, 현재 이 세상에 존재하는 문제를 해결하려고 한다. 하지만 이제 막 세워질 높은 탑의 혜택을 누리지 못하는 사람들도 있다. 그렇다고 벽을 세우거나 세계를 분단시켜 두 진영으로 분리시키고 싶지는 않다. 나는 언어가 혼란해지고 뿔뿔이 흩어지지 않기를 바란다.

　지금 인류는 거대한 아이를 키우고 있다. 그 아이는 인터넷 환경 속에서 태어나 화상을 통해 세상을 바라보는 눈을 가졌고 그림을 그리는 손가락도 가졌다. 이제 온 세상의 언어를 이해하고 표현할 수 있는 몸을 얻으려 하고 있다. 이 아이는 끝내 흩어진 사람들을 불러 모아 과거에 얽매이는 사람들을 해체하기 위해 거대한 탑을 세울 것이다.

　현재를 사는 우리는 근거 없는 불안이 빚어내는 비관적 디스토피아보다 테크놀로지의 유동성이 가져다줄 프로토피아를 향해 가야 한다. 다음에 태어날 세대를 위해 새로운 지적 시스템을 받아들이고 이러한 생각을 관대하게 허용하는 사회가 되기를 기원한다.

옮긴이
이혁재

1960년 경남 진해에서 태어났다. 초등학교와 중학교 시절을 일본에서 보냈고, 서강대학교에서 정치외교학을 전공했다. 이후 조선일보 사회부, 국제부 등을 거쳐 도쿄 특파원으로 4년간 근무했다. 특파원 시절 일본 현지 저자들과 《모바일 경제》, 《오프 더 레코드》 등을 공동 집필했다. 옮긴 책으로 《경영자가 된다는 것》, 《90%가 하류로 전락한다》, 《살인의 문》, 《한여름의 방정식》, 《마구》, 《명탐정의 규칙》, 《명탐정의 저주》, 《패러독스 13》, 《나는 아직 도착하지 않았다》, 《바보의 벽을 넘어서》, 《4일간의 부자 수업》, 《로컬 지향의 시대》, 《혼자 있어야 시작할 수 있다》 등이 있다.

포스트 코로나 생존 전략

1판 1쇄 인쇄 2021년 3월 5일
1판 1쇄 발행 2021년 3월 17일

지은이 오치아이 요이치
옮긴이 이혁재

발행인 양원석
편집장 김건희
책임편집 신채윤
디자인 [★]규
영업마케팅 조아라, 신예은

펴낸 곳 (주)알에이치코리아
주소 서울시 금천구 가산디지털2로 53, 20층 (가산동, 한라시그마밸리)
편집문의 02-6443-8902 **도서문의** 02-6443-8800
홈페이지 http://rhk.co.kr
등록 2004년 1월 15일 제2-3726호

ISBN 978-89-255-8942-8 (03190)